BEGEGNUNG, DIE VOM HERZEN KOMMT

WUNIBALD MÜLLER

Begegnung, die vom Herzen kommt

Die vergessene Barmherzigkeit
in Seelsorge und Therapie

MATTHIAS-GRÜNEWALD-VERLAG · MAINZ

Die Deutsche Bibliothek – CIP-Einheitsaufnahme

Müller, Wunibald:
Begegnung, die vom Herzen kommt : die vergessene
Barmherzigkeit in Seelsorge und Therapie / Wunibald Müller. –
Mainz : Matthias-Grünewald-Verl., 1993
ISBN 3-7867-1715-X

Umschlag: Heinz Kirsch und Kristine Buckel, Grafik und Design, Wiesbaden, unter Verwendung von: Roland P. Litzenburger, Der barmherzige Vater, 1972

Gesamtherstellung: Schnaufer-Druck GmbH, Tauberbischofsheim

ISBN 3-7867-1715-X

INHALT

VORWORT

Seit meiner Ausbildung zum Psychotherapeuten beschäftigt mich der Unterschied zwischen Empathie und Sympathie, im Sinne von Mit-Leiden. Ich bin mir nicht sicher, ob er mir inzwischen ganz klar geworden ist, vor allem, wo es um die Anwendung und die Umsetzung von Empathie und Sympathie in der lebendigen helfenden Beziehung geht. Zunehmend ist mir aber bewußt geworden, daß mehr als allgemein gerade auch von therapeutischer Seite zugestanden wird, Sympathie und Barmherzigkeit in einer helfenden und da auch therapeutischen Beziehung ihren Platz haben, ja von elementarer Bedeutung und für den Heilungsprozeß geradezu notwendig sind. Das gilt noch mehr für den seelsorglichen Bereich, dessen Vertreter und Vertreterinnen manchmal so sehr von den therapeutischen Erkenntnissen angetan zu sein scheinen, daß sie die für das therapeutische Feld durchaus gültigen Einstellungen und Verhaltensweisen manchmal allzu schnell, wie ich meine, auf die Seelsorge übertragen. Und das mitunter auf Kosten gelebter Barmherzigkeit, die auf der einen Seite in der Regel tiefer in den Menschen einbricht als Empathie und zu einem radikalen Einsatz auffordert, auf der anderen Seite Ausdruck einer selbstverständlichen, offenen, dem Menschen zugewandten Menschenfreundlichkeit sein kann.

Es ist wichtig, sich in der Seelsorge von der Psychotherapie bereichern zu lassen. Es ist aber genauso wichtig, die großen Worte und radikalen Haltungen, die den Kern christlichen Verhaltens und Tuns ausmachen, dabei nicht zu vernachlässigen, und wo das geschehen ist, sie wieder zu entdecken und für die Seelsorge fruchtbar zu machen. Sie machen das Fundament

und die eigentliche Identität christlicher Seelsorge aus und haben – was oft übersehen wird – ihrerseits der Psychotherapie etwas zu sagen.
Die Barmherzigkeit, eines dieser zentralen christlichen Worte und radikalen christlichen Verhaltensweisen, stellt, wie es Dorothee Sölle vom Mitleiden sagt, das Einfallstor Gottes dar. Die Kirche, die für sich beansprucht, in besonderer Weise Gottes Werkzeug zu sein, kann das daher nur dann leben, wenn sie ein Herz hat, ihr Herz schlägt, sie barmherzig ist, sie sich als Mutterschoß Gottes versteht und entsprechend handelt.
Ich will mit meinen therapeutisch und spirituell ausgerichteten Gedanken zur gelebten Barmherzigkeit ein Gespür für die Bedeutung von Barmherzigkeit wecken und dafür werben, sie rückhaltloser in den unterschiedlichsten zwischenmenschlichen Beziehungen und in der Beziehung zu sich selbst zuzulassen und für ihre Anwesenheit in der Kirche und in der Beziehung zu Gott wacher und offener zu werden. Mir geht es dabei nicht in erster Linie um ein Erklären und theoretisches Erörtern von Barmherzigkeit. Ich will vielmehr entsprechend meinen Möglichkeiten meine Leser und Leserinnen auf einer tieferen Ebene ansprechen. Denn ein wahres Verständnis von dem, was ich vermitteln will, verlangt, wie es Bruno Bettelheim (1986, 50) von dem wahren Verstehen der Psychoanalyse sagt, nicht nur eine intellektuelle Erkenntnis, sondern auch eine gleichzeitige gefühlsmäßige Reaktion. Auch deshalb scheue ich mich nicht, beherzt von einer Therapie oder Seelsorge zu sprechen, die vom Herzen kommt. Steht doch das Herz für das Innerste, das emotional Tiefste und Wertvollste im Menschen und ist doch gerade dieses Wort dazu geeignet, „eine menschliche Seite anzurühren und unsere Emotionen zu wecken und uns so ein Gefühl zu vermitteln für das, was gemeint ist“ (Bettelheim 1986, 50). Wer meinen Worten mit Ohren lauscht, die, wie es Martin Buber sagt, direkt mit dem Herzen verbunden

sind, wird *wirklich* verstehen, was ich meine, und sich davon vielleicht sogar anstecken lassen.
Ich danke meiner Frau Ilse Katharina für ihr Interesse an dem Buch, unseren Kindern Dorothea und Thomas Morus für ihre wenn auch manchmal etwas widerwillige Bereitschaft, daß ich mich immer wieder für einige Zeit in mein Arbeitszimmer zurückziehen durfte, um allerdings nach kurzer Zeit von zwei kleinen Gästen umringt zu werden, die dieses und jenes wollten. Wie, so sage man mir, kann man aber ein Buch über Barmherzigkeit schreiben, ohne auf diese kindlichen Bitten einzugehen? Frau Hiltraud Laubach, die mit diesem Buch mein zehntes Buch im Grünewald-Verlag betreut, danke ich für ihre stets einladende Offenheit und zugleich notwendige kritische Reflexion, mit der sie auf Ideen und Buchprojekte von mir reagiert.
Ich widme dieses Buch meiner Mutter zu ihrem 70. Geburtstag. Die spontane, gefühlsmäßige Liebe, die sich sofort in einem Tun äußert – entscheidende Kennzeichen von Barmherzigkeit – hat sie in vielen Situationen ihres Lebens vorgelebt.

Wunibald Müller

PROLOG

Der Samariter befragt nicht das Gesetz, ob dies sein Nächster sei ... Er fragt überhaupt nicht, sondern ihm schlägt das Elend des anderen in den Magen hinein. *Rolf Zerfaß*

Wie könnte ich dich preisgeben, Ephraim, wie dich ausliefern? Meine Eingeweide drehen sich um in mir. Erbarmen überwältigt mich. *Hosea*

Im Hebräischen heißt Barmherzigkeit den anderen in seinem Mutterschoß tragen, ihn heranreifen lassen, bis er selbst wachsen und leben kann. *Anselm Grün*

Fürwahr er trug unsere Krankheit und lud auf sich unsere Schmerzen. *Jesaja*

Ich erinnere mich an einen Rancher, der ein paar Tage lang seinen Wachhund nicht finden konnte. Er war nicht zum Freßnapf gekommen. Der Rancher fuhr hinaus und fand den Hund, der bei einem winzigen Schaf Wache hielt, das in einem Dornbusch festhing. Wenn der Hund nicht bei dem Zicklein ausgeharrt hätte, wäre dessen Fehlen nicht bemerkt worden und es hätte verhungern müssen. *Aus der Zeitschrift GEO*

Ich konnte nicht anders als alles Weh, das ich um mich herum sah, dauernd miterleben, nicht nur das der Menschen, sondern auch das der Kreatur. Mich diesem Mit-Leiden zu entziehen, habe ich nie versucht. *Albert Schweitzer*

Nur diejenigen, die für die Juden aufschreien, haben ein Recht, gregorianische Gesänge anzustimmen. *Dietrich Bonhoeffer*

Im Jahre 1917 waren wir in Quartieren in der Nähe eines Bahnhofs untergebracht. Als dieser Bahnhof bombardiert wurde und zwei Züge, beladen mit Munition getroffen wurden, ging ich hinein ohne Furcht oder Gedanken, was da passieren könnte, und während die Munition explodierte, kümmerte ich mich um die Verletzten. *Fritz Perls*

Im Mitleid mit den Hilflosen fängt der Mensch an, die Liebe für seinen Nächsten zu entwickeln. *Erich Fromm*

Sophia ist das Erbarmen Gottes in uns. Sie ist die Zärtlichkeit, mit der die unendlich geheimnisvolle Macht des Verzeihens die Finsternis unserer Sünden in das Licht der Gnade umkehrt.
Thomas Merton

Genauso wie die Mitglieder einer schlecht funktionierenden Familie den Schmerz betäuben, den sie sonst fühlen würden, hat unsere sich fehlentwickelte Gesellschaft eine Unempfindlichkeit angenommen, die uns davon abhält, den Schmerz unserer Entfremdung von der Welt zu spüren. *Al Gore*

I.

BARMHERZIGKEIT UND MIT-LEIDEN GEGEN SELBSTBEZOGENHEIT UND GLEICHGÜLTIGKEIT

1. Die Bedrohung der sprudelnden Quellen der Barmherzigkeit

> Ich fürchte nicht die Gefahr krimineller Aktionen von antisemitischen und neonazistischen Gruppen, sondern die gewaltige Masse vollkommen indifferenter Demokraten.
>
> *Heinrich Böll, 1960*

Die sprudelnden Quellen des Mitleids vertrocknen

„Das Leben des Massenkollektivs ist so beschaffen, daß es im Menschen sein tiefstes Bedürfnis und seine Fähigkeit zur Kontemplation zerstört. Es trocknet die sprudelnden Quellen des Mitfühlens und des Verständnisses füreinander aus. Es pervertiert den schöpferischen Genius und vernichtet das unschuldige Anschauenkönnen, dessen der Mensch fähig ist, wenn er im Einklag mit der Natur steht“ (Merton 1992, 86).
Ich kann mitleiden, zumindest glaube ich es, wenn ich in den Nachrichten höre, wie zwei jugoslawische Waisenkinder brutal erschossen wurden. Ich mag – und das ist schon viel – für einen Moment in Gedanken bei ihnen verweilen und sie dann wieder vergessen. Trifft das auch für die Menschen zu, denen

ich im Alltag tatsächlich begegne? Vielleicht ja. Ich mag mit dem Mann, der seine Frau verloren hat, leiden, mag im Moment wirklich ein Leiden, einen Schmerz in mir spüren, wenn ich versuche, mich in ihn, seine augenblickliche Befindlichkeit, einzufühlen. Doch es wird nicht lange andauern.
Ich kenne Momente, wenn ich davon höre oder lese, wie jüdische Frauen und Kinder massenweise über Gräbern, die sie selbst ausgehoben haben, erschossen wurden, in denen es mich fast zerreißt, mir die Tränen kommen und ich einfach fassungslos bin, wie solch ein grauenvolles Verhalten möglich war.

„Die Opfer mußten sich vollständig ausziehen. Anschließend führten die Mörder sie in Fünfergruppen auf eine über das Massengrab gelegte Planke und schossen ihnen ins Genick, worauf sie in die Grube fielen. Als das Morden beendet war, wurde das Grab zugeschaufelt. Die Erde über dem Massengrab am Schlachthof bewegte sich noch lange“ (Sandkühler 1992, 49).

Wenn ich versuche, mich hineinzuversetzen, wie es in diesem Moment in den Frauen und Kindern ausgeschaut haben mag, wenn ich nur annähernd etwas von der Scham, der Angst, der Verzweiflung und Ohnmacht in mir hochkommen lasse, die sie befallen haben muß, dann spüre ich echte Verzweiflung und tiefe Trauer, dann leide ich wirklich mit ihnen, seelisch und körperlich. Dann spüre ich, wie die Quelle meines Mit-Leidens sprudelt, ich danach verlange, sie zu umarmen und an mich zu drücken, sie fühlen zu lassen, daß ich mit ihnen verbunden bin, ich mit ihnen leide, ich sie liebe.

Erbarmen Gottes meint eine Art instinkthafte Zuneigung

Vor der Barmherzigkeit verstummen die Stimmen der Vernunft, des Abwägens und Analysierens. Der Samariter befragt nicht das Gesetz, ob der Niedergeschlagene sein Nachbar sei, es von ihm verlangt werden kann, daß er sich um ihn kümmert, es ihm wirklich hilft, wenn er sich für ihn einsetzt. „Er fragt überhaupt nicht, sondern ihm schlägt das Elend des anderen in den Magen hinein." Der Ausdruck wie er im Griechischen hier gebraucht wird, meint Eingeweide, Magengrube. „Es überwältigt ihn das Mitgefühl und so geht er auf den anderen zu und macht ihn zu seinem Nächsten" (Zerfaß 1979/80, 30).
Die Eingeweide, Sitz der Gefühle, des Mutterschoßes, sie werden, so Rolf Zerfaß (32) zur Metapher dafür, wie Gott auf uns Menschen reagiert. „Das heißt, dieses Erbarmen Gottes ... meint eine Art instinktiver Zuneigung zum Lebewesen als einem Lebendigen. Es ist eine irrationale, kopflose Liebe, die sich deshalb auch in einem sofortigen Tun äußert. Was in solcher Weise von ‚da unten' ausgelöst wird, dafür ist dann keine Zeit, abzuwarten, was wann in die Tat umgesetzt werden kann; das wird sofort gemacht, wie sich der Samariter sofort erbarmt und wie der Vater sofort auf den anderen losläuft. Der alte Vater rennt los, der Samariter wäscht die Wunden aus, packt den anderen auf sein Reittier, zahlt die Pensionskosten und so weiter."
Gottes Gefühle kommen, so Rolf Zerfaß, aus solcher Tiefe. Er will uns in seiner Weise wohl – irrational, nicht begreifbar, nicht erklärlich – wie Vater und Mutter ihrem Kind wohlwollen. So heißt es bei Hosea: „Ich habe euch doch wie ein Vater sein Kind auf den Arm genommen und so geführt und beschützt, aber ihr seid von mir weggelaufen ... Wie könnte ich dich preisgeben, wie dich ausliefern, Ephraim? Meine Eingeweide drehen sich um in mir. Erbarmen überwältigt mich."

Eine solche Haltung ist die große Provokation für manchen seelsorglichen und therapeutischen Ansatz. Sie stellt aber auch eine Provokation dar in den alltäglichen Situationen, in der Begegnung mit der Familie und Freunden, im Umgang mit Berufskollegen oder in Tätigkeiten, die sozial ausgerichtet sind. Wem fallen nicht gleich hundert Beispiele und zugleich Begründungen ein, wo es letztlich falsch, unklug, wenig hilfreich war bzw. gewesen wäre, dem anderen spontan zur Seite zu stehen, emotionale oder materielle Unterstützung zu geben, weil ich mich seiner erbarmte? Und viele dieser Beispiele und Begründungen dürften einleuchten und verständlich sein. Und dennoch bleibt diese Provokation: Die Provokation des selbstlosen Mitleidens, fähig und bereit zu sein, spontan, ja geradezu instinkthaft, gepackt von Mitleid, auf die andere Person zuzugehen, für sie dazusein.
Diese Fähigkeit und Bereitschaft scheint abzunehmen. Sei es in Familien, im alltäglichen Miteinander, im Beruf und auch im therapeutischen und seelsorglichen Bereich. Ich treffe auf sie noch am meisten bei den sogenannten einfachen Menschen, unter ihnen viele Ordensfrauen. Oder ich finde sie immer wieder auch bei Eltern und da vorwiegend den Müttern in ihrem Verhalten gegenüber ihren kleinen oder großen Kindern.

Der Chefarzt stürmt herein, schaut sich den eingegipsten Arm der Fünfjährigen an, sagt unwirsch: „Der Arm muß hochgehalten werden. So“ und demonstriert das. Und dann verschwindet er. Er schaut nicht einmal die Kleine an, spricht kein Wort mit ihr. Er übersieht die am Bett stehende Mutter, geschweige denn, daß er sich vorstellt. Die Mutter hatte die ganze Nacht über am Bett ihres Kindes ausgehalten, hatte ihm die Hand gehalten, ihm tröstende Worte zugesprochen, wenn es geklagt hatte. Die Nachtschwester hatte nur die Nase gerümpft, als die Mutter ihr ohne Wenn und Aber mitteilte, daß sie die Nacht über bei ihrem Kind bleiben wird. Als sie sich in der Nacht mit ihrer Kollegin einen Kaffee kochte, kam ihr nicht der Gedanke, daß der Mutter der Kleinen ein Schluck Kaffee gut täte. Sie überschüttete aber die Mutter mit Vorwürfen, als diese dem ebenfalls im Zimmer anwesenden zweijährigen Tom ein paar beruhigende Worte zusprach, wenn er jammerte, die gebrochenen Beinchen hochgehängt. Man möchte nicht, daß bei jedem Piepsen, das das Kind von sich gibt, jemand nach dem Kind schaut. Gut, daß das die Mutter des kleinen Tom nicht weiß, die sich darauf verläßt, daß ihr Kind die Nacht über bestens aufgehoben ist. Es ist es nicht.

Was ist es denn, das die Quellen des Mitfühlens und des Verständnisses füreinander austrocknet? Was ist es denn, das diese selbstverständlich und tief in jedem Menschen verankerte Fähigkeit anscheinend absterben läßt, ja in Verachtung und Vernichtung umschlagen läßt?

Der Geist als Widersacher der Seele?

Ludwig Klages (vgl. Bendiek 1935) sieht im Geist den Widersacher der Seele. Der Geist erscheint bei Ludwig Klages „als vom Leben ausgeschlossener und in seinem Tatsachenglauben wie in seinen gedanklichen Konstruktionen an der Wirklichkeit vorbeigehender Intellekt und als gegen das Leben gerichteter, willkürlicher Zerstörungswille“ (3). Mit der Seele dagegen, die auch für Leben steht, verbindet Ludwig Klages das flutende Leben, den chaotischen, orgiastischen Urgrund alles Wirklichen. Stein, Pflanzen, Tier, sie alle „sind vereint in dem ungeheueren Lebensstrome, der alle Glieder des Kosmos durchbraust und in erhabener Notwendigkeit und ‚ewiger Trunkenheit‘ durch alle Zeiten schwingt. Sie alle sind Kinder der Magna

Mater, der großen Gebärerin, aus der alles hervorgeht, zu der alles in ewiger Wandlung zurückkehrt und von der es zu neuem Werden wieder ausgeht: Geburt und Grab / ein ewiges Meer / Ein wechselnd Weben / Ein glühend Leben ..." (3).
„In diesem Paradiese lebte ursprünglich auch der Mensch. Er unterschied sich vom Tiere durch die Gabe der Schauung, die, ein besonderes Geschenk der Mutter Erde an ihr schönes Kind, ihn mit den tiefsten und geheimnisvollsten Schichten des dämonischen Lebens, der Wirklichkeit der Bilder, in stetiger ekstatischer Verbundenheit hält" (3). Mit dem Einbruch des Geistes von außen her geschah der „Sündenfall". Mit dem Einbruch des Geistes begann die große Passion des Lebens und der Seele. „Mit der Erfindung der modernen Naturwissenschaft und der modernen Technik tritt der lebenshaßende Geist seinen Vernichtungsfeldzug gegen das planetarische Leben, gegen die Welt der Pflanzen, der Tiere und der primitiven Völker an, ein Vernichtungsschlag, über dessen Resultate Klages erschütterndes Material vorzulegen weiß" (5).
Ob der Geist, wie ihn Ludwig Klages versteht, letztlich der Grund für die zunehmende Einschränkung bis hin zur Vernichtung des Lebens ist, soll dahingestellt sein. Nachdenklich stimmt, daß das, was Ludwig Klages Ende der zwanziger Jahre, Anfang der dreißiger Jahre dieses Jahrhunderts sagt, heute noch weit mehr zutrifft und der Sog hin zur Vernichtung des Lebens offensichtlich ungebrochen weiterwirkt. Dieser Sog zur Vernichtung des Lebens geht einher mit einer zunehmenden Entfremdung gegenüber der Kreatur, er geht einher mit einer Zunahme von Plastik, Beton und Stahl.

Vor wenigen Tagen bin ich am Frankfurter Flughafen vorbeigefahren. Ein Haus neben dem anderen, eine Halle neben der anderen, ein Glaspalast neben dem anderen, ein Betonklotz neben dem anderen. Als ich als Kind meine Tante in Frankfurt besuchte und bei dieser Gelegenheit auch zum Frankfurter Flughafen ging, da standen da das Zentralgebäude und einige Hallen und das war alles.

Die Vorstellung, daß Beton und Stahl sich immer breiter machen, immer mehr Platz beanspruchen, kann einem schon Angst einflößen. Dazu kommt, daß sie sich ja nicht von alleine ausbreiten, sondern mit Hilfe der Menschen. Sie sind Ausdruck des Menschen, sie sagen unter anderem, daß der Mensch den Beton, den Stahl, das Blech und Glas, das Tote zunehmend mehr schätzt und fördert als das Natürliche und Lebendige, „das Andere, das Fremde, das Feindliche" (3) höher eingeschätzt wird als das Eigene, Bekannte, Wohlwollende. Es geht nicht darum, ein naives „Zurück zur Natur" zu predigen. Es geht darum, die Balance nicht ganz zu verlieren – wenn wir sie nicht schon verloren haben und dem Sog der Versteinerung bereits ganz verfallen sind. Es geht darum, zu gewährleisten, daß wir selbst nicht einbetoniert werden, unser Mutterschoß zunehmend verschwindet, das aber heißt, daß unsere Fähigkeit eingeschränkt wird, menschlich zu sein, menschlich zu reagieren. So sehr, daß wir uns nicht mehr bewegen, unser Herz nicht mehr vor Freude hüpfen, vor Trauer sich nicht mehr krümmen, aus Barmherzigkeit sich nicht mehr erweichen kann.

2. Barmherzigkeit, die weiss von keinem Zwang

Barmherzigkeit, die weiß von keinem Zwang,
Sie träufelt wie des Himmels milder Regen,
zur Erde unter ihr, zweifach gesegnet:
Sie segnet den, der gibt, und den der nimmt ...
Sie ist ein Attribut der Gottheit selbst.

William Shakespeare

Barmherzigkeit als Gnade

In William Shakespeares „Der Kaufmann von Venedig" wird *mercy*, das auch Barmherzigkeit heißt, mit Gnade übersetzt. Genau das ist Barmherzigkeit. Eine Haltung, ein Verhalten, eine Geste, bei der ich dem anderen bedingungslos etwas schenke. Er, sie bekommen es einfach. Wer jemals erfahren hat, wie wunderbar es ist, wirklich beschenkt zu werden, zweckfrei, bedingungslos, ohne dafür etwas geleistet zu haben oder leisten zu müssen, der kann ermessen, was es heißt Barmherzigkeit als Gnade zu erfahren. Es ist eine Erfahrung, die mich beglückt, die mich aufbaut. Eine Erfahrung, die meinen Leib und meine Seele in Freude versetzt, mich glücklich macht. Es ist eine Erfahrung, die mich in besonderer Weise spüren läßt, wertvoll, geliebt zu sein. Das aber tut unendlich gut.

Niedergehalten von Selbstzweifeln, Schuldgefühlen, der täglichen Erfahrung von Unzulänglichkeit und Fehlerhaftigkeit, sind wir auf die Barmherzigkeit angewiesen, sehnen wir uns immer wieder nach der gnadenvollen Erfahrung von Barmherzigkeit. Sind es doch die Momente, in denen wir uns wie befreit und erlöst fühlen von so manchen Lasten, die schwer auf uns drücken. Wie wenn eine uns berührt und durch ihre Berührung, das uns Bedrängende, das uns Hartmachende weicht,

ja selbst locker, leicht, weich und zärtlich wird. In unserem Verlangen nach Barmherzigkeit kommt unsere Sehnsucht nach Befreiung, Erlösung zum Ausdruck. Es ist die Sehnsucht danach, bedingungslos angenommen zu sein und zu werden, frei atmen, aufrecht und offen durchs Leben gehen zu können. Und wenn uns gar zuviel niederhält, formt sich die tiefe Sehnsucht danach zu einem lauten Schrei nach Barmherzigkeit.
Dieser Schrei durchzieht die Psalmen. Es ist der Schrei danach, in der Erfahrung von Barmherzigkeit Gott selbst zu erfahren. Ist es doch in der Erfahrung der Barmherzigkeit, wo Gott am meisten spürbar ist, er sich offenbart.
Barmherzig zu sein, gepackt von Barmherzigkeit, auf andere zuzugehen, ihnen etwas zu schenken, sich für sie einzusetzen, das kann für den Barmherzigen zu einem Befreiungsschlag werden. Sich, etwas, einfach loszulassen. Zeit, Geldmittel, Kraft, die ich für mich eingeplant, mit denen ich fest rechne, für andere zur Verfügung zu stellen, eröffnet eine Dimension, bei der die Kategorien des Absicherns, genauen Kalkulierens, Abwägens, gesprengt werden. Etwas, das auf der einen Seite notwendig ist, auf der anderen Seite aber auch dazu führen kann, daß es mich einmauert, unbeweglich macht, wird dadurch durcheinander gebracht. Etwas, an dem ich mich festgehalten habe, hinter dem ich mich möglicherweise versteckt habe, entgleitet mir, fällt. Ich kann mich nicht mehr daran festhalten, ich kann mich nicht länger dahinter verstecken. In einer gewissen Weise stehe ich nackt da, merke ich, daß ich nackt bin. Zugleich fällt aber auch etwas weg, das mich behinderte, unfrei machte. Etwas, das einen Strang in mir lahmlegte, das eine Sehnsucht, ein Verlangen in mir, absterben, versiegen ließ, stellt kein Hindernis mehr dar. Sei es mein Egoismus, meine Ängstlichkeit, mein Geiz, meine Härte, meine allzu gepflegte therapeutische Distanz, meine Apathie, meine Herzlosigkeit. Jetzt lasse ich mein Herz sprechen und handeln. Ich handle

selbstlos: Es ist für dich. Ich gebe es dir. Einfach so. Für dich. Gratis. Es ist ein Moment von Gnade für die andere und für mich. Mein Herz weitet sich. Ich werde weiter. Es ist ein Moment der Seligkeit, erfahre ich doch im Augenblick meines Barmherzigseins selbst Barmherzigkeit, bin ich mir selbst gegenüber barmherzig. Barmherzig gegenüber dem Verlangen meines Herzens, das danach brennt, sich dem anderen zuwenden zu dürfen, und das jetzt nicht länger niedergehalten wird, sondern freien Lauf hat, sich für den anderen verschwenden zu dürfen.

Vom schlechten Geruch vorausüberlegender Barmherzigkeit

„Wüßte ich gewiß, daß jemand zu mir käme mit der bewußten Absicht in mir eine Wohltat zu erwecken, ich würde davonlaufen, so schnell mich die Füße tragen wollten – wie vor dem Samum, dem trockenen sengenden Wind der afrikanischen Wüste, der Mund, Nase, Ohren und Augen mit Staub füllt, bis man erstickt –, aus Angst, er könnte mir etwas von seinem Guten antun – etwas von seinem Virus mit meinem Blute vermischen". In diesen Worten von Henry Thoreau (1979, 82) spürt man seine Abneigung gegenüber einer „vorausüberlegten Barmherzigkeit" (81), bei der die Barmherzigkeit zum bewußten Gnadenakt gegenüber dem anderen wird. Er wittert weiter hinter so manchem Akt der Barmherzigkeit nicht Sympathie mit dem ins Elend geratenen Mitmenschen, sondern das private Unglück des anscheinend Barmherzigen, der seinen Kummer nicht zulassen, ihn geschickt in das Gewand der Barmherzigkeit – so scheint es – kleidet. Henry Thoreau: „Kein Geruch ist so schlecht wie der, welcher von falscher Güte aufsteigt. Es ist menschliches, göttliches Aas".
Henry Thoreau zeigt damit die Dynamik und Wirkung krank-

hafter Nächstenliebe auf, wie sie fast hundert Jahre nach ihm Anna Freud (1992, 100) aus psychoanalytischer Sicht nicht besser zu beschreiben vermag: „Ein junges Mädchen, das beim Entschluß zur eigenen Heirat durch Gewissensskrupel gestört ist, betreibt stattdessen die Eheschließung der Schwester aufs energischste. Eine Patientin, die bei Geldausgaben für ihre eigene Person zwangsneurotisch gehemmt ist, kann plötzlich freigiebig werden, wenn sie nur Geschenke einkauft. Eine Patientin, die durch Angst an der Ausführung ihrer Reisepläne verhindert ist, rät mit unerwarteter Wärme Freundinnen zum Reisen zu. Die Identifizierung mit Schwester, Freundin und Beschenkten verrät sich jedesmal durch ein plötzlich auftretendes warmes Zusammengehörigkeitsgefühl, das anhält, während der eigene Wunsch an der Ersatzperson verwirklicht wird. Der Volksmund belustigt sich seit je her über ‚alte Jungfern, die Ehen stiften' und über ‚Kiebitze, denen kein Spiel zu hoch ist'. Die Abtretung der Wunschregung an einen anderen und die Überwachung der Wunscherfüllung an Ersatzobjekten gleicht tatsächlich dem interessierten und genußreichen Zuschauen bei einem Spiel, in dem man selber keinen Einsatz wagen kann."

„Wirf weg, damit du nicht verlierst"

Auf einem Bauernhaus in Itter in Tirol ist auf der Gibelwand die hl. Elisabeth abgebildet. In ihrer Schürze trägt sie Blumen, die sie austeilend fallen läßt. Darunter steht: „Wirf weg, damit du nicht verlierst." Für mich ist das ein sehr treffendes Bild und ein sehr treffender Ausspruch für Barmherzigkeit. Es kommt darin das unheimlich Radikale von Barmherzigkeit zum Ausdruck. Ich gebe einfach, lasse einfach los, werfe weg, lasse, wie Elisabeth, die Blumen fallen. Blumen, die ich vorher an mein

Herz gedrückt und in meinem Schoß getragen habe. Das heißt loslassen, von manchem, das mir ans Herz gewachsen ist, auch von manchem, an dem ich festklebe. „Damit du nicht verlierst." Damit du dich nicht verlierst, damit du nicht dich und dein Herz zuhängst und blockierst, daß du dabei dich, deine Fähigkeit, über dich hinauszutreten, in der Begegnung, dem Offensein, der Hingabe für andere dich zu erweitern, nicht verlierst. Damit du dich nicht im Kreisen um dich selbst so sehr einbunkerst, daß du keine Augen hast für deine Mit- und Umwelt, den Kontakt mit Gott, daß sein Erahnen für dich flachfällt.

Wer sich dagegen dem Verlangen seiner Sehnsucht nach Barmherzigkeit überläßt, der wird immer wieder die Erfahrung machen, daß er wegwirft, verschenkt, sich hergibt und dabei gewinnt. Er gewinnt, da er darin sich selbst verwirklicht, einer ganz starken in ihm nach Ausdruck verlangenden Seite gerecht wird. Er gewinnt, da er dadurch großherzig wird. Er gewinnt, da er dadurch unabhängig wird von äußeren Dingen. Laß deine Barmherzigkeit zu, laß ihr freien Lauf, laß dich von ihr leiten – einschließlich deiner Barmherzigkeit dir selbst gegenüber – und du wirst frei. „Wirf weg, damit du nicht verlierst."

Barmherzigkeit hat auch etwas Selbstverständliches, Spielerisches an sich. Etwas, das einem leicht von der Hand geht. Das geht auch von der Elisabeth aus, die die Blumen aus ihrer Schürze fallen läßt. Da ist nichts Verkniffenes, Zurückhaltendes, Halbherziges. Es ist aber auch nichts Großspuriges, Demonstratives. Da küßt nicht Liz Taylor einen Aids-Kranken vor laufender Kamera. Von dieser Elisabeth geht eine Barmherzigkeit aus, die Henry Thoreau (84) mit folgenden Worten beschreibt: „Ich schätze nicht in erster Linie die Geradheit und Güte eines Menschen, die sozusagen sein Stamm und seine Blüte sind ... Ich will des Menschen Blume und Frucht. Es soll ein Wohlgeruch von ihm zu mir herüberwehen, eine Reife unserem Verkehr die Würze geben. Seine Güte muß nicht ein vorübergehendes Stückwerk sein, sondern ein beständiges Überfließen, das ihm nichts kostet und dessen er sich nicht bewußt ist. Das ist Liebe, die eine Menge Sünden zudeckt."

Ergriffen von Barmherzigkeit

„Ich liebe dich", sagt der junge Mann, HIV-positiv, der Ordensfrau, die ihn in einem Hospiz betreut. Und sie antwortet darauf: „Ich liebe dich auch." Und ich spüre, als mir die Ordensfrau das sagt, daß sie es so meint und diesen Mensch wirklich liebt. Sie da ist, um ihm zu sagen: Du darfst mit mir rechnen. Ich bin bei dir bis zu deiner letzten Stunde. Und ich bin gerne bei dir. Da ist nichts von Aufopfern in ihrem Sprechen und Verhalten. Sie kann klar davon sprechen, daß die Arbeit hier schwerer ist als ihre frühere Arbeit im OP, schwerer als sie es erwartet hat. Sie sagt das nicht klagend. Ein freundliches Lächeln erscheint auf ihrem Gesicht. Gestern hat sie einen drogenabhängigen Patienten zusammen mit einer Kollegin gebadet. Zuerst hat er sich mit Händen und Füßen dagegen gewehrt. Dann hat er sich richtig wohlgefühlt. Auch sie fühlt sich wohl, hofft hier zu bleiben, hier weiterarbeiten zu können. In ihr begegne ich einer Frau, deren Tun ihr eine Herzenssache ist. Da spürt man in ihrer Arbeit, in ihrem Verhalten ihr Herz. Ja, es ist, wie wenn sich ihr Herz in ihrem Verhalten, Tun fortsetzt, darin zum Fleisch wird.

Und ich fange an zu träumen, wie wäre es, wenn die Krankenschwester auf der normalen Krankenhausstation den Patienten sagen würde: Ich liebe dich. Du, ich mache das gerne für dich. Du bedeutest mir etwas. Es ist für mich wichtig, daß du wieder aufkommst. Oder gar ein Arzt – und ich merke, wie mir allein bei dem Gedanken der Atem ausgeht ob der Ungeheuerlichkeit eines solchen Gedankens – den kranken Menschen herzhaft anschaut und sagt: Es ist für mich wichtig, daß Sie wieder gesund werden. Es ist mir ein Anliegen, mein Anliegen. Sie bedeuten mir etwas. Sie. *Und er das dann auch so meint.*

„Wir werden solange nicht voll und ganz zu Menschen, wie wir uns einander nicht in Liebe hingegeben haben ... Wir werden nie ganz wirklich sein, wenn wir uns nie in die Liebe fallen lassen" (Merton 1992, 155). Ein entscheidendes Erkennungszeichen von Barmherzigkeit ist, daß sie uns einfach überkommt, überfällt. Wir gar nicht mehr anders können als sie zuzulassen, uns von ihr überwältigen zu lassen. Diese Fähigkeit, mich einfach fallenlassen zu können, sei es in der Liebe zu dem Partner, sei es ergriffen von Barmherzigkeit für den Fremden, transzendiert uns. Sie läßt uns über uns hinaussteigen, sie hilft uns die eigenen Grenzen zu überschreiten, zu überfluten und uns ins Unbekannte, Ungewohnte hinauszuwagen. Sie sprengt unsere manchmal recht eng gezogenen Grenzen, unsere manchmal hohen und dicken Mauern. Mich in Liebe für eine andere, für andere hinzugeben, mich einfach in die Liebe fallen zu lassen, läßt alle Theorie, Philosophie und Theologie zumindest für einen Moment links liegen, übergeht die „Warums", läßt die Vernunft im Regen stehen.

3. Barmherzigkeit und Selbst-Verwirklichung

Der Lebenskern, der in allen Dingen west,
ist Zärtlichkeit und Erbarmen.
Thomas Merton

Die größte Freude ist doch,
jemanden glücklich zu machen.
Friedrich Dürrenmatt

Barmherzigkeit gegen Narzißmus

In einem Gespräch mit Carl Rogers, humanistischer Psychologe und Begründer der Gesprächspsychotherapie, meint Fred Skinner, Naturwissenschaftler und Vertreter der Verhaltenstherapie, daß „Freude“ und „Mut“, die nach Ansicht von Carl Rogers das Individuum mitbringt und angeboren sind, durch entsprechende Verstärkung von außen entstanden sind und dann verinnerlicht werden (vgl. Kirschenbaum/Henderson 1989, 99). Ob das für Fred Skinner auch auf die Barmherzigkeit zutrifft? Ich bin kein Naturwissenschaftler und kein Verhaltenstherapeut. Ich merke nur, wie sich alles in mir dagegen auflehnt, davon auszugehen, Barmherzigkeit sei etwas Erlerntes. Daß entsprechende Erfahrungen, die Fähigkeit, barmherzig zu sein, mitgeprägt haben, ist für mich gut nachvollziehbar. Allein diese Grundfähigkeit, diese Grundtendenz im Menschen, barmherzig zu sein, ist meiner Überzeugung nach, entsprechend meinem Menschenbild, tief im Menschen, in jedem Menschen, eingewurzelt. Erbarmen ist Teil des „Lebenskerns, der in allen Dingen west“ (Merton 1992, 128). Carl Rogers (in: Kirschenbaum/Henderson 1989, 58) meint: „Wenn man das erreicht, was ganz in der Tiefe eines Menschen ist, dann ist das

die Seite, der man am meisten trauen kann, da sie konstruktiv ist und auf Sozialisation oder auf die Entwicklung besserer zwischenmenschlicher Beziehungen ausgerichtet ist." Ob in gleicher Weise auch eine destruktive Kraft in uns steckt – wie im Gegensatz zu Carl Rogers andere meinen – steht auf einem anderen Blatt. Mir geht es darum, herauszustellen, daß diese konstruktive Tendenz in uns, die in der Barmherzigkeit ihre Krönung erfährt, einen wesentlichen Teil von uns darstellt.
Rollo May (in: Kirschenbaum/Henderson 1989, 249), einer der führenden wissenschaftlichen Vertreter der Human Growth Movement sagt von manchen, die dieser Bewegung angehören, sie seien selbstbezogen, narzißtisch. Narzißten sind Personen, die mehr auf sich selbst als auf andere bezogen sind, die so sehr in Selbst-Liebe verloren sind, daß sie nicht in der Lage sind, die Wirklichkeit außerhalb von sich zu sehen und damit in Beziehung zu treten, einschließlich ihrer Mitmenschen. Es sind jene Menschen, die etwas Esoterisches an sich haben, den Blick für die Welt um sie herum, vor allem aber auch das Herz für die Welt und die Menschen um sie herum verloren haben. Sie leben in einer Welt, einer privaten Welt, für die sie absolute Empathie, Akzeptanz und Echtheit fordern, wie auf einer Insel, die künstlich für sie geschaffen wurde und die auch nur künstlich erhalten werden kann. Sie suchen, so Rollo May einen Himmel, einen Hafen bei Sturm, eine Gemeinschaft Gleichgesinnter und stellen sich tot, was die Existenz des Bösen angeht. Sich für andere einzusetzen, kennen sie nicht. Die über Jahrhunderte gültigen religiösen Werte wie Barmherzigkeit und Vergebung dringen bei ihnen nicht ein. Sie braten im eigenen Saft. Es gibt sie im therapeutischen und im spirituellen Umfeld. Sie versenken sich in die anscheinend tiefsten Tiefen, in die intimste Beziehung zu Gott, bleiben aber in Wirklichkeit lediglich bei sich, bleiben beim Kreisen um sich selbst. Sie vermögen nicht zu ihrer Tiefe vorzudringen, solange

sie nicht aufhören, um sich selbst zu tanzen wie um das goldene Kalb.

Wer wirklich den Weg in seine größere Tiefe geht, muß die Ketten, an den sein Ego ihn festhält, ablegen. Er muß sich der eigenen Wirklichkeit um sich herum – sei sie nahe oder ferne – stellen. Er muß den anderen Menschen wahrhaft begegnen, nicht nur an der Oberfläche und vor allem nicht nur als Nutznießer.

Solange mich die Ketten des Narzißmus festhalten, ist auch mein Herz in Ketten gelegt, gefangen, nicht in der Lage, sich ganz zu entfalten, das zuzulassen, wonach es im Tiefsten drängt. Was ich in der Konzentration, im Tanzen um mich selbst vergeblich suche, wird mir geschenkt, wenn ich im Mich-Erbarmen zunehmend einbreche in meine eigene Welt, die der anderen und die Gottes. Ich komm in Berührung mit meinem Herzen. Mein Herz, das jetzt, wo ich wirklich mit ihm in Berührung gekommen bin, für mich *und* andere schlagen kann. Mein Herz, das befreit von den Ketten, seinen Weg gehen darf, das jetzt die Führung in meinem Leben und dabei auch in meinem Verhalten mir und anderen gegenüber übernimmt. Kommt mein Herz aber zum Zuge, darf es voll die Verantwortung in meinem Leben übernehmen, dann kommt die Barmherzigkeit, das Mit-Leiden in meinem Leben nicht zu kurz. Nachdem mein Herz sich frei entfalten kann, ist es immer auch ein Herz des Mit-Leidens. Ist es doch erst dann wirklich mein Herz, die Stelle, an der ich am Tiefsten fühlen kann, wenn es zum Ort in mir geworden ist, an dem ich spüre, was in der anderen Person vor sich geht und das sich dort so festhalten kann, daß ich davon ergriffen bin, so sehr, daß es mich erschüttert.

Fürsorge als Impuls, sich um den zu kümmern, der verzweifelt ist

Entwicklungspsychologisch gesehen dürfte die Fähigkeit zur Barmherzigkeit am stärksten mit dem Erwachsenenalter zum Durchbruch und zur Entfaltung kommen. So sieht es jedenfalls Erik Erikson (1992), der die Ausfaltung der Fähigkeit der Sorge für jemand anderen, die Fähigkeit zur Nächstenliebe, in dieser Lebensphase ansetzt. Es ist die Phase der sogenannten Generativität, die gekennzeichnet ist durch die Fortpflanzungsfähigkeit, die Produktivität und Kreativität. In dieser Phase geht es darum, zunehmend in der Lage zu sein, sich um andere kümmern zu können, für sie Sorge zu tragen. Also jenen Sprung zu tun, der mich von der Konzentration auf mich selbst und den Kreisen um mich selbst wegführt und ich mich auf etwas einlasse, das auch anderen zugute kommt.
Bei dieser Fähigkeit, der Sorge für jemand anderen, handelt es sich nach Erik Erikson (88 f.) um den Ausdruck einer lebenswichtigen sympathischen Tendenz in uns, „der große Triebenergiemengen zur Verfügung stehen. Dieser sympathischen Tendenz steht eine entsprechende antipathische Tendenz gegenüber. Damit ist die fehlende Bereitschaft gemeint, bestimmte Personen und Gruppen an den eigenen schöpferischen Belangen teilhaben zu lassen. *Man kümmert sich nicht* um sie."
In diesem Zusammenhang hebt Erik Erikson auch die Rolle beispielsweise von Ethik und Religion hervor, deren Aufgabe es ist, den Trend zur Abweisung zu begrenzen und die Bereitschaft und Fähigkeit, sich um andere zu kümmern und sich um sie zu sorgen, zu erweitern. So sagt er: „Gerade in diesem Zusammenhang setzen sich spirituelle Konzepte wie das einer allumfassenden Caritas in hohem Maße für die Ausweitung der im Entwicklungsplan angelegten Fürsorge ein. Und Caritas muß vieles wieder gut machen, denn Abweisung kann immer

familiär und im Gemeinschaftsleben als eine mehr oder weniger gut rationalisierte und mehr oder weniger unbarmherzige Unterdrückung all dessen zum Ausdruck kommen, was nicht in bestimmte Zielvorstellungen von Überleben und Perfektion zu passen scheint“ (89).

Nach Erik Erikson (76) offenbart sich „Fürsorge als der Triebimpuls, dasjenige zu ‚hegen‘ und zu ‚liebkosen‘, was in seiner Hilflosigkeit Signale von Verzweiflung aussendet“. Fürsorge versteht er dabei als „sorg-fältig sein“, „Sorge tragen“ und „sich kümmern“. Er nimmt in diesem Zusammenhang auch Bezug auf die hinduistische Vorstellung von Fürsorge, die umschrieben wird mit Zurückhaltung, Güte und Mitgefühl. Da „die (triebbedingte) Ausprägung (triebhaften) Sorgetragens beim Menschen dahin zielt, eine größtmögliche Auswahl zu treffen hinsichtlich dessen, was ist oder getan werden kann“ (89), damit aber eine *gewisse* Ausweitung einhergeht, ist es wichtig, daß „Ethik, Gesetz und Einsicht in einer gegebenen Gruppe das erträgliche Maß von Abweisung“ festlegt.

„Die Liebe zu den Hilflosen, den Armen und Fremden ist die Grundlage der Nächstenliebe“, sagt Erich Fromm (1977, 72). Und weiter meint er: „Es ist nichts Besonderes, sein eigenes Fleisch und Blut zu lieben ... Erst in der Liebe zu jenen, die meinen Zwecken nicht dienen können, beginnt die Liebe sich zu entfalten. Bezeichnenderweise sind die Armen im Alten Testament das zentrale Objekt der Menschenliebe, und nicht nur sie, sondern auch der Fremde, die Witwe und die Waise und schließlich auch noch die Feinde der Nation ...“ (72). Im Mitleid mit den Hilflosen fängt für Erich Fromm „der Mensch an, die Liebe für seinen Nächsten zu entwickeln; und in der Liebe zu sich selbst liebt er auch jene, die Hilfe brauchen: die schwachen und ungesicherten menschlichen Wesen. Mitleid enthält das Element des Wissens und Erkennens.“ „Denn ihr wisset um der Fremdlinge Herz“, heißt es im Alten Testament, „die-

weil ihr auch seid Fremdling im Ägypterland gewesen ... *Darum sollt ihr auch die Fremdlinge lieben*".
Wenn ich mich von meinem Herzen, meiner Barmherzigkeit bestimmen und dirigieren lasse, gelange ich zum Herz der anderen Person, erkenne ich sie wahrhaftig, in dem, was sie wirklich ausmacht. Ich erkenne in ihr den menschlichen Bruder, die menschliche Schwester. In einer gewissen Weise begegne ich mir dort selbst, ist doch das, was sie im Tiefsten, in ihrem Kern ausmacht, genau das, was mich im Innersten prägt. Wie aber könnte ich so gesehen die anderen lieben, wenn ich mich selbst nicht zu lieben vermag?

Barmherzigkeit ist Ausdruck von zutiefst Menschlichem

Barmherzigkeit ist Ausdruck von zutiefst Menschlichem. In ihr verwirklicht sich eine Seinsweise und Seite von uns, die kaum überbietbar authentisch menschlich ist, uns als Menschen kennzeichnet. Das Ausmaß unserer Barmherzigkeit ist der eigentliche Gradmesser gelungener und nichtgelungener Selbstverwirklichung. In der Barmherzigkeit erlangt unser Selbst die höchste Spitze seiner Entwicklungsmöglichkeiten. Ist es doch zugleich der Moment, in dem unser Selbst sich selbst übersteigt, der Augenblick, in dem die Fesseln des narzißtischen Selbst endgültig gesprengt werden und wir in der Lage sind, das Kreisen um uns selbst zu durchbrechen, ja unser Selbst aufzubrechen, um uns nach den anderen ausstrecken zu können. Das aber ist auch der Moment, in dem wir überhaupt erst fähig werden, mit Gott in Fühlung zu kommen. Ein Gespür dafür zu entwickeln und zu entfalten, daß es etwas gibt, das uns weiter macht, weiter und tiefer sein läßt. Wir zu erahnen beginnen, daß da mehr ist als ich und du.
Barmherzig zu sein ist daher etwas Gesundes, auch psychisch

Gesundes. Es ist etwas, das der Anlage des Menschen entspricht, zum wirklichen und ganzen Menschen mit dazugehört. Es ist in einer gewissen Weise von daher auch etwas Selbstverständliches. Wo die Fähigkeit und Bereitschaft, barmherzig zu sein, fehlt, da fehlt etwas, was Anlaß dazu geben mag, hellhörig zu werden. Da scheint eine normale Entwicklung beeinträchtigt worden zu sein.

Der barmherzige Mensch, der kann auch einmal – und muß es geradezu – sich vergessen. Allein er wird letztlich nicht Raubbau mit sich treiben, wird sich nicht selbst zerstören. Er ist bereit sich hinzugeben. Schaut aber auch darauf, daß er in der Lage ist, sich hinzugeben. Seine Motive sind in der Regel nicht solcher Art, daß sie letztlich Ausdruck kranker Einstellungen oder einer fehlgelaufenen Persönlichkeitsentwicklung sind. Einer solchen Barmherzigkeit würde sehr bald die Luft ausgehen.

4. Option für die Barmherzigkeit gegen den Sog zur Unbarmherzigkeit

> Was ist dann das Gute und das Böse? Die einzige Möglichkeit für einen mündigen Menschen ist, sein eigenes Gute und Böse zu entdecken.
>
> *Konstantin Wecker*

„Wenn meine Teufel mich verlassen, fürchte ich, daß auch meine Engel flüchten"

Das ist das eine: Das tief in uns verankerte Verlangen nach dem anderen hin, für ihn da zu sein, mich für ihn einzusetzen, aus mir herauszutreten und in seinen Bereich einzutreten, mir ihn, seine Sache zu meiner Sache, meiner Herzensangelegenheit zu machen. Das andere ist das ständige Bedroht-Sein dieser Seite, dieses Potentials, dieses Verlangens, durch andere – finstere – Kräfte in uns und um uns, die ganz andere Ziele haben, denen es anscheinend *nur* um uns, unsere Sache und das Ausleben unserer Bedürfnisse geht, koste es, was es wolle, egal wer dabei auf der Strecke bleibt. Jener Anteil in uns und um uns, der vor Spott und Hohn grölt, wenn die weiche, die barmherzige Seite sich regt, auftritt, in Aktion tritt.

Die jungen Menschen, die im Augenblick in unserem Hotel wohnen, legen eine Aggressivität und Rücksichtslosigkeit an den Tag, die in nichts an ein so „weiches" Thema wie Barmherzigkeit erinnern lassen. Im Schwimmbecken herrscht die reinste Brutalität. Voller Wucht bewerfen sie sich mit Bällen – einer platzt von der Wucht des Aufpralles. Die weiblichen Begleiterinnen werden gepackt – sie scheinen es gern zu haben – und getaucht. Andere, darunter Kinder, die friedlich schwimmen wollen, werden übersehen. Die Aggressivität terrorisiert das ganze Schwimmbecken. In der Nacht geht es dann weiter bis um drei Uhr in der Früh. Wir schlafen unter dem Schwimmbecken, versuchen es zumindest. Doch über uns scheint die Kraft und Aggressivität gepaart von sexueller Leidenschaft nicht zu erlahmen.

In Rostock scheint in diesen Tagen der Terror zu regieren. „Bei der nun wirklich mit letzter Gründlichkeit ‚leergezogenen' zentralen Aufnahmestelle für Asylbewerber tobte in der Nacht zum Mittwoch die vierte Straßenschlacht: Grölende Jugendliche, Molotowcocktails, brennende Trabis und Müllcontainer, heulende Polizeisirenen. Dumpf klatschten die Pflastersteine auf die gepanzerten Einsatzfahrzeuge; mit 18 Bar Druck prasseln die Fontänen der Wasserwerfer auf Büsche und in Hauseingänge, wo sich die Randalierer verschanzt halten – das bekannte Szenarium, mit unverminderter Brutalität, nur noch sinnloser als zuvor, sofern das überhaupt möglich ist (Süddeutsche Zeitung vom 27. 8. 1992).

Es hieße mit Blindheit geschlagen sein, wollte man die Brutalität und Gewalt, die Herzlosigkeit und Unbarmherzigkeit übersehen, die vom Menschen ausgeht und die man, ist man ehrlich, in unterschiedlichen Graden, bei sich selbst entdecken kann. Ich glaube an Gott und weiß um den Teufel, das Böse. Diese Aussage der Theologie gilt auch für die psychologische Auseinandersetzung mit dem Guten und Bösen. Das Böse ist da und es ist offensichtlich auch in uns gegenwärtig. Ich muß mit ihm rechnen. Es kann direkt neben oder unter dem Guten liegen. Rollo May (1989, 240) spricht hier von einer *daimonischen* Grundkraft." Wird dieser *daimonische* Drang in die Person integriert (was, meiner Ansicht nach das Ziel der Psychotherapie ist), dann führt das zu Kreativität ... Wird das *Daimo-*

nische nicht integriert, kann es die ganze Person beherrschen, wie das der Fall ist bei gewalttätiger Raserei oder kollektiver Paranoia zu Zeiten von Krieg oder bei zwanghaften sexuellem Verlangen oder bei Unterdrückung". Das aber heißt, daß es wichtig ist, mit dem Bösen zu rechnen, von seiner Anwesenheit auszugehen und in einem gewissen Umfang es auch zuzulassen. Rollo May zitiert Rainer Maria Rilke, der schrieb: „Wenn meine Teufel mich verlassen, dann fürchte ich, daß auch meine Engel flüchten werden."

Bezogen auf die Barmherzigkeit heißt das: Wir haben ein Kräfteresservoir in uns, aus dem sowohl unsere destruktive wie konstruktive „Energie" gespeist wird. Es kann nicht darum gehen, in der Absicht das Böse zu eliminieren, dieses Kräftereservoir an sich zu eliminieren. Das würde nämlich auch heißen, die Kraft für das Gute auszuschalten. Solange aber diese Energie in uns vorhanden ist, eine Energie, die ein ungeahntes Ausmaß annehmen kann, müssen wir damit rechnen, daß sie, wird sie freigelassen, sich in konstruktiver wie in destruktiver Weise entladen kann: in einer unbeschreiblich tiefen und radikalen Hingabe für andere wie in einem teuflischen Vernichtungsakt gegenüber anderen. Hier scheint es mir wichtig zu sein, dieser Wirklichkeit ins Auge zu sehen und nicht leichtfertig und naiv darüber hinwegzusehen.

Das aber soll und muß nicht dazu führen, der Barmherzigkeit keine Chance mehr zu geben, sie dem Einfältigen zu überlassen, sie zu belächeln. Im Gegenteil! Gerade, weil ich um das Böse im Menschen weiß und es tagtäglich in mir und um mich herum auch erfahre, wie sehr anfällig ich und wir dafür sind, stellt die Barmherzigkeit die große Herausforderung und Chance für uns dar, dem Bösen zu begegnen. Durch sie jene Kräfte zu läutern oder anders auszurichten, die anderen und letztlich auch uns schaden. Sie dazu verwenden, die Schale zu durchbrechen, die uns bisher davon abgehalten hat, mit unserem Kern in Berührung zu kommen, in dem das Zärtlichste und Weichste von uns gehalten wird und geborgen ist. Die gewaltigen Kräfte in uns auszurichten, lenken zu lassen von etwas, das uns weiter macht, unser Tun transzendiert. Uns so weit macht und vertieft, daß wir dabei zugleich aufgebrochen werden, um weiter sehen, mehr spüren, mehr erahnen zu können. Weiter werden darf nicht heißen, uns immer mehr einzuverleiben und unter uns zu bringen, unser Ego auf Kosten anderer auszudehnen, größenwahnsinnig und rücksichtslos zu werden, sondern ist gemeint im Sinne von vertiefter sehen und erahnen können und von daher demütiger und bescheidener werden.

Stärkung der konstruktiven Seite in uns

Carl Rogers (in: Kirschenbaum/Henderson 1989, 238) kommt – wie erwähnt – nach jahrzehntelangen therapeutischen Erfahrungen zu der Erkenntnis, daß der Mensch von seinem grundsätzlichen Wesen her konstruktiv angelegt ist. Weiter geht er davon aus (vgl. 253), daß in uns eine Tendenz zur Selbstentfaltung angelegt ist. Den Menschen geht es daher wie den anderen Organismen. Diese Selbstentfaltung kann bizarre und nutzlose Formen annehmen." Ich habe dafür das Beispiel einer Kartoffel in einem Kellerkasten genannt, die ihre schwachen, weißen Sprossen nach oben richtet in einem vergeblichen Versuch, das Licht zu erreichen. Ich denke ähnlich über die verwahrlosten Getto-Jugendlichen, deren einziger Pfad zur Anerkennung darin besteht, der beste Räuber oder der gefürchteste Einbrecher in ihrer Gang zu werden. Allein die grundsätzliche Tendenz zur Selbstentfaltung hat zum Ziel die Erfüllung. Ich habe nach meiner Erfahrung keine solche Tendenz in Richtung Destruktivität, Bösem festgestellt ... Wenn

die Elemente anwesend sind, die Wachstum fördern, dann verläuft die Selbstentfaltung in einer positiven Weise."
Carl Rogers ist also überzeugt, daß, wenn ich das Tiefste im Menschen erreiche, ich davon ausgehen kann, daß es konstruktiv angelegt ist (vgl. Kirschenbaum/Henderson 1989, 58).
Martin Buber – und Rollo May vertritt eine ähnliche Vorstellung – hält dem entgegen, daß, wenn ich den anderen „breiter und tiefer erfasse als zuvor, dann sehe ich seine ganze Polarität und ich sehe, wie das Schlechteste und das Beste in ihm voneinander abhängig sind". Und ich kann ihm helfen, fährt er fort, indem ich ihm helfe, die Beziehung der Pole zueinander zu verändern. „Nicht nur indem er es der Beliebigkeit überläßt, sondern indem er dem einen Pol mehr Stärke verleiht als dem anderen ... Wir können ihm helfen, den positiven Pol zu stärken, denn diese Polarität ist oft ohne Richtung" (59).
Das würde heißen, daß Carl Rogers Ansatz insofern richtig ist, daß im Tiefsten des Menschen das Positive der Person zu finden ist. Allerdings, glaubt man Martin Buber und Rollo May, nicht so pur, sondern in Nachbarschaft mit dem Destruktiven, dem Bösen, ja geradezu in einer ständigen Spannung zueinander stehend. Wo sich Buber und May offensichtlich deutlicher von Carl Rogers unterscheiden ist die Vorstellung, daß ich geradezu selbstverständlich auf das Gute im Menschen treffe, wenn ich nur tief genug gehe. Für sie bedarf es der zusätzlichen Anstrengung von außen, um das Gute zu fördern und zu stärken. Allerdings darf man dabei nicht übersehen, daß Buber dies am Beispiel des problematischen Menschen veranschaulicht. Andererseits interpretiert Rollo May Buber so, als sei der Mensch – entgegen der Annahme von Carl Rogers, der ihn als grundsätzlich gut bezeichnet, – grundsätzlich gut *und* böse (vgl. Kirschenbaum/Henderson 1989, 258).
So sehr in jedem von uns die Möglichkeit, barmherzig zu sein, angelegt ist, und das Zulassen und Umsetzen von Barmherzig-

keit die Krönung unserer Selbstverwirklichung ausmacht, bedarf es ganz entscheidend unseres Mittuns, unseres Bemühens, die Barmherzigkeit durchzutragen, tatsächlich zu verwirklichen. Ich kann mich auch dagegen entscheiden. Ich kann auch dieses grundsätzlich vorhandene Potential ungenutzt lassen.

Gott wirft sich selbst in die Waagschale als Gegengewicht zur Unbarmherzigkeit

In der Aufforderung zur Barmherzigkeit wird die konstruktive Seite in uns gestärkt, wird ihr eindeutig der Vorrang eingeräumt. Damit wird etwas, das in uns angelegt ist, gefördert. Es wird zugleich aber auch sozusagen von außen her etwas akzentuiert, von außen her eine Richtlinie vorgegeben bzw. vorgeschlagen, die nicht unbedingt von dem Vorgegebenen her angezielt ist. Hier geschieht etwas Revolutionäres. Geradezu so etwas wie ein Eingriff in die „Natur“.

Das Christentum will diese konstruktive Seite, den positiven Pol, stärken. Es will letztlich die Kraft sein, die die Stoßrichtung hin zum Guten, zur Barmherzigkeit, stärkt. Es will und sollte die Richtung angeben, an der sich der Christ orientiert. Hier kann etwas von dem einmalig Christlichen deutlich werden, das sich darin zeigt, daß christlich sein und handeln, heißt, das Barmherzige, die barmherzige Seite zu stützen und zu fördern, damit zugleich aber auch das zutiefst Menschliche und Göttliche zu stützen und zu fördern.

Und als wollte Gott unüberbietbar deutlich machen, was seine Option ist, starb er für uns am Kreuz. Weil die andere Seite da war, ist, und sein wird – das Böse – immer mit ihr zu rechnen ist, hat er das mächtigste und wirkungsvollste Gegengewicht in die Schale geworfen, auch damit das Böse nicht obsiegt und überwiegt, sich selbst. Diese Auseinandersetzung mit dem Bösen und der Einsatz für das Gute ist uns damit nicht abgenommen. Doch unsere Chance, die Kurve zu bekommen, dem Guten zum Sieg zu verhelfen, ist vermehrt worden, unsere Motivation, uns darauf einzulassen, ist gestärkt worden. Leben, sagt Rollo May (vgl. Kirschenbaum/Henderson 1989, 249), meint nicht einen vorgegebenen Rahmen von „gut sein" auszuleben, sondern bedeutete über all die Jahrhunderte eine Herausforderung, aufgrund der Tatsache, daß jeder von uns den Hebel in Richtung guter oder in Richtung schlechter Seite bewegen kann. Diese Auseinandersetzung erfordert, so Rollo May, „die uralten religiösen Wahrheiten wie Barmherzigkeit und Verzeihung."

Als von Gott geschaffen sind wir auch mit dem Potential angelegt, den Hebel in Richtung Böses zu bewegen. Allein Jesus läßt keine Zweifel daran, in welche Richtung wir den Hebel zu bewegen haben, wollen wir ihm folgen. Das gilt auch dann, wenn wir dabei eine unglückliche Figur in den Augen der anderen abgeben. Im Tode Jesu, Gottes Sohn, aus Barmherzigkeit für uns, hat Gott selbst eindeutig sein Gewicht in Richtung Gutes, Barmherzigkeit, geworfen. Er hat damit unüberbietbar gezeigt, was immer schon zu ihm gehörte, Ausdruck seiner selbst war. Von diesem Moment an hat sich die Welt verändert. Durch den Tod Jesu ist unverrückbar in die Welt die Barmherzigkeit eingesät worden. Es ist etwas passiert, das die Erde ins Wanken brachte. Jetzt kann an ihr nicht länger vorbeigegangen werden. Sie war und ist und wird sein Erkennungszeichen bleiben. Durch sie kommt er den Menschen nahe, die Menschen kommen durch die Barmherzigkeit Gott nahe. Die Eindeutigkeit, mit der er sie zu seiner Option macht, ist nicht mehr zu übertreffen. Damit wird eine Zielrichtung vorgegeben, die so neu ist und als solche zur alles entscheidenden Haltung und zum alles entscheidenden Verhalten dessen wird, was es heißt, Christ zu sein, christlich zu leben.

In der Taufe wird die durch Jesu Tod vollzogene Option für die Barmherzigkeit feierlich für jeden einzelnen Menschen besiegelt. Mit der Absage an das Böse wird das Gut umarmt, der positive Pol gestärkt. Es ist zugleich der Augenblick, an dem die Teilhabe an der durch Jesu Tod – geschehen in Erbarmen für uns – zum Leben gebrachte, unerschöpfliche Barmherzigkeit Gottes besiegelt und gefeiert wird. Der Augenblick, an dem mein Ja – zunächst vertreten durch Eltern und Paten – zur Option für die Barmherzigkeit gesprochen wird. Es ist weiter der Moment, in dem ich mich bereit erkläre als Teilhaber von Gottes Barmherzigkeit, selber Ausdruck, Abbild dieser Barmherzigkeit zu sein, damit aber zum lebendigen Beispiel für Gottes Weiterwirken und Anwesenheit zu werden. Ist es doch die Haltung und Handlung der Barmherzigkeit, in der Jesu Auferstehung spürbar wird.

II.

PSYCHOTHERAPIE ALS AUSDRUCK VON BARMHERZIGKEIT

5. Barmherzigkeit bricht tiefer in den Menschen ein als Empathie

> Psychoanalyse ist eigentlich eine Heilung durch Liebe.
>
> *Sigmund Freud*

Das vom Elend des anderen provozierte Erbarmen liegt weit vor aller Gesprächsmethodik

Empathie, die Fähigkeit sich in die Melodie eines anderen Menschen einschwingen zu können, wirklich in sich Platz zu schaffen für die Welt des anderen, ihm vorbehaltlos und rückhaltlos zu begegnen, ist wichtig für eine gelingende Beziehung und geradezu Voraussetzung für die seelsorgliche und therapeutische Begleitung und Begegnung. Allein Empathie kann nicht verwechselt werden mit Mit-Leiden, sich von Herzen des anderen erbarmen, wenn mein Herz sich krümmt und schier zerreißt, zutiefst getroffen und berührt wird von der inneren oder äußeren Situation des Mitmenschen. Empathie kann übergehen in Mit-Leiden und Barmherzigkeit. So wichtig Empathie ist, es gibt Situationen, in denen sie zu wenig ist. In denen ich so sehr angerührt und herausgefordert werde, daß ich aus meiner inneren Haltung heraustreten muß, die Haltung in eine Handlung übergehen muß. Ich kann dann gar nicht anders als mich für die andere Person, eine Sache einzusetzen.

Mitleid, Barmherzigkeit – sie brechen tiefer in den Menschen ein als es Empathie vermag. Es ist von daher gesehen wichtig, den ganzen Bereich der Therapie, für den das empathische Verstehen von großer Bedeutung ist, zu unterscheiden von der Haltung und Einstellung, die sich aus Mit-Leiden und Barmherzigkeit ergeben. So kann sich ein empathischer Therapeut, der in der Begegnung mit einer Ratsuchenden alles zu verstehen scheint und ihr das Gefühl des totalen Angenommenseins zu vermitteln weiß, im „normalen" Leben als ein herzloser, unbarmherziger Mitmensch erweisen, der sich seine therapeutische Empathie teuer bezahlen läßt, sich ansonsten aber „einen Dreck" um die Belange seiner Mitmenschen kümmert. Dessen Herz sich nicht rührt, ob der Not anderer, geschweige denn, daß er sich persönlich für sie einsetzt. Mitunter mag er diese Zurückhaltung auch noch mit dem Hinweis auf die ihm vom therapeutischen Prozeß auferlegte Zurückhaltung verbrämen. Er gleicht dann jenem Seelsorger, der sich darauf beschränkt, in seiner Predigt – und das sehr oft – von Gottes Liebe zu sprechen und in seinen sonstigen Funktionen auf Gottes Nähe und Barmherzigkeit zu verweisen, im Grunde genommen aber Gottes Liebe und Barmherzigkeit wie ein Bauchladen vor sich herträgt und anbietet, gut davon lebt, aber keine Barmherzigkeit lebt, geschweige denn Mitleid empfindet.

Auf der anderen Seite habe ich manchmal den Eindruck, daß gerade im therapeutischen Umfeld Mitleid und Barmherzigkeit so verpönt sind, daß mit ihnen wie mit einem Aussätzigen umgegangen wird. Diese wirklich zu Herzen gehende Erfahrung des Mit-Leidens wird nicht zugelassen, ja als etwas eingestuft, das zu vermeiden ist, das es gilt mit allen Mitteln, außen vorzuhalten. Weil es möglicherweise tatsächlich bis zum Herzen geht? Gehen könnte? Und dann? Ich weiß, es kann wichtig sein und es gibt Situationen, in denen es unbedingt wichtig und notwendig ist, sich abzugrenzen. Nur muß das so weit gehen, daß mir diese Grundhaltung des Erbarmens ganz abgeht? In der therapeutischen oder seelsorglichen Begegnung und dann – und die Gefahr ist sehr groß – auch in meinen außertherapeutischen und außerseelsorglichen Beziehungen und Begegnungen?

An die Adresse der pastoralen Berater und Beraterinnen richtet daher Rolf Zerfaß (1979/80, 34) mit Recht folgende Worte: „Es ist dieses vom Elend des anderen provozierte tiefe, unvernünftige Erbarmen Gottes, in dem Jesus uns ... aufruft ... denn das ist jetzt gewissermaßen die Haltung, um die wir selbst uns mühen müssen, wenn wir den Auftrag Jesu weitergeben wollen. Und das liegt weit vor allem, was wir an Gesprächsmethodik erlernen können, und es wäre verhängnisvoll, wenn die Methode an die Stelle dieser so tiefen, letzten Haltung gegenüber dem anderen treten würde. Gesprächsmethodik darf nur Ausdruck dieses Erbarmens sein und kann es sein."

Diese Worte lassen sich entsprechend auch an die Adresse von Therapeuten und Therapeutinnen richten, ob sie nun Vertreter der Gesprächspsychotherapie, der Gestalttherapie, der Psychoanalyse oder irgendeiner anderen Schule sind.

Liebe und Barmherzigkeit in der therapeutischen Begegnung

Wie bedeutend das Vorhandensein von Liebe und Barmherzigkeit auf der Seite des Therapeuten in der therapeutischen Begegnung ist, macht Rollo May (1981, 230f) deutlich, wenn er sagt: „Der Therapeut mag davon überzeugt sein, daß seine eigene Vorstellung von Freiheit das einzig Richtige für die Klientin sei und das dann beim Therapeuten als Kälte, Engstirnigkeit, Unmenschlichkeit zum Ausdruck kommt, egal ob das jetzt technisch gesehen richtig ist oder nicht." Und er fährt fort: „Ich hatte einmal einen Psychiater in Supervision, dessen Patientin, eine junge 19jährige Frau, ihm viel Schwierigkeiten bereitete ... Ich wies in der Supervision darauf hin, daß die junge Frau vielleicht versucht, Anzeichen von Zuneigung durch den Psychiater zu erhalten. Als bei der nächsten Sitzung die junge Frau wieder ihr übliches Spiel trieb, unterbrach sie der Psychiater und sagte ihr: ‚Du, ich mag Dich.‘ Die Patientin hörte auf zu sprechen und sagte nach einer kurzen Pause: ‚Ich glaube es ist das, worum es geht.‘ Als der Therapeut mir das berichtete, fragte ich ihn: ‚Mögen Sie sie wirklich?‘, und er sagte: ‚Nein, eigentlich nicht.‘ In diesem Moment ging es mir durch den Kopf, daß die ganze Handlung zum Scheitern verurteilt war, denn es besteht kein Zweifel, daß die Patientin ihn durchschaut, wenn kein Mitgefühl vorhanden ist, auch, wenn ich so tue, als sei es da. Und tatsächlich beendete sie auch nach einigen Stunden die Therapie."

„Mitgefühl auf Seiten des Therapeuten ist die Grundlage jeder Psychotherapie, die es verdient, so genannt zu werden", fährt Rollo May fort. Ein Patient läßt sich nichts vormachen. Als Beispiel dafür berichtet er von einem Kollegen, der einen Klienten hatte, der in der Regel ein sehr aufdringliches, ja unverschämtes Verhalten an den Tag legte. Eines Tages, als die Tochter des Therapeuten schwer verunglückte, sagte der Therapeut zwar nichts über diesen Vorfall, doch der Patient verhielt sich an diesem Tag ganz anders. Er war geradezu zärtlich, freundlich und ohne die sonstige Aufdringlichkeit, so, als hätte er eine Ahnung von dem tragischen Ereignis, von dem er in Wirklichkeit nichts wissen konnte (vgl. 231).

Barmherzigkeit und Mitleid – es gibt sie auch in der therapeutischen und seelsorglichen Begleitung. Sie müssen nicht abgeschnitten und zurückgedrängt werden. Sie dürfen zugelassen und für den heilenden Prozeß fruchtbar gemacht werden. Erst wo sie zugelassen werden, kommt es zu einer wahrhaft lebendigen menschlichen Beziehung und Begegnung. Kommt mit ins Spiel, kommt zum Zuge, ja vermengt sich, was die Essenz einer menschlichen Beziehung ausmacht. Und dazu zählt mit an erster Stelle – auch als Ausdruck von Zuneigung und Liebe – mit dem anderen zu leiden, ihm gegenüber barmherzig zu sein.

Möglichkeiten und Grenzen von Barmherzigkeit in der Therapie

Eine therapeutische Begegnung ist einem Bad vergleichbar, das Therapeut und Ratsuchende miteinander nehmen. Sie sitzen in dem gleichen Whirl-Pool. Umgeben und zugleich verbunden mit dem gleichen Element, dem Wasser. Nackt wie sie sind, können und sollen sie sich gegenseitig nichts vormachen. Wenn der Therapeut auch *für* die andere da ist und es wichtig für ihn ist, dieser Aufgabenstellung immer gewärtig zu sein, befinden sie sich doch in der gleichen Situation, einer *menschlichen* Situation. Das Menschsein des Therapeuten soll mit dazu beitragen, das Menschsein der anderen zuzulassen, gegebenenfalls zu erwecken. Zu diesem Menschsein gehört auch das Ganzsein. Genau diese Ganzheit fehlt aber oft dem Menschen, der sich in seelischer Not befindet. Diese Ganzheit aber erhält er, wenn er in Beziehung treten kann mit dem anderen, eingeschlossen seiner Seele. Carl Gustav Jung (1958, 260) schreibt: „Der unbezogene Mensch hat keine Ganzheit, den erreicht diese nur durch die Seele, die ihrerseits nicht sein kann ohne ihre andere Seite, welche sie stets im ‚Du' findet. Die Ganzheit besteht aus der Zusammensetzung von Ich und Du, welche als Teile einer transzendenten Einheit erscheinen." Um den Segen der Seele für das Leben fruchtbar machen zu können, sie wirklich in mein Leben einwirken lassen zu können, bedarf es der

Entdeckung und der Kontaktaufnahme mit dem Du. „Insofern also das Band der Liebe nicht existiert, fehlt ... die Seele" (259). Je mehr eine Therapeutin das, was zum Menschsein gehört in der Beziehung zuläßt, desto mehr wird sie den Ratsuchenden ermuntern, dafür offen machen, seinerseits ebenfalls zunehmend das zuzulassen, was zum Menschsein gehört. Dieser Prozeß der Bezugnahme zum anderen, in dem was ihn im Tiefsten ausmacht – und dafür steht die Seele –, gelingt aber nur, wenn die Situation zwischen Begleiterin und Ratsuchendem eine menschliche Situation bleibt, das wirklich zugelassen wird, was in dieser menschlichen Situation bei den beiden vorhanden ist. Das gilt vor allem auch für das, was *zwischen* den beiden vorhanden ist. Dieser Strom, der zwischen den beiden sich hin- und herbewegt, besteht aus dem Zwischenhaften, dem, was zwischen den beiden gelebt, zugelassen, zum Ausdruck gebracht, wird. Das aber ist nicht weniger wichtig als das, was in den beiden da ist.

Mir fällt ein Satz von Martin Buber (in: Trüb 1951, 12f.) ein, wo er sagt: „Nie ist eine Seele allein krank, immer auch ein Zwischenhaftes, ein zwischen ihr und anderen Seienden Bestehendes". Will ich also wirklich zur Heilung der Ratsuchenden beitragen, ist das „Zwischen uns" von ebenso großer Bedeutung wie die Konzentration auf das Innenleben der anderen. Das „Zwischen uns" wird aber bestimmt von den menschlichen Schwingungen, die zwischen mir und der anderen Person, zwischen der anderen und mir, sich bewegen. Sie tragen in sich die heilende Wirkung, wie sie die todbringende oder vergiftende Wirkung in anderen Beziehungen, in sich trugen.

Unter den die Heilung fördernden Wirkkräften im „Zwischen uns" hat auch die Barmherzigkeit ihren Platz. In ihr entbindet sich einer der tiefsten und mächtigsten Gefühle der Sorge und der Verbundenheit mit dem anderen. Sie vermag wie kaum eine andere Seite in uns, den Graben, der zwei Menschen in der Regel trennt, zu überwinden, und den Kontakt zur anderen Person herzustellen. Sie trägt mit sich soviel Warmes, Umhegendes, Zupackendes und zugleich Zärtliches, das dem heilenden Prozeß nicht vorenthalten werden sollte.

Es mag der Zeitpunkt kommen, an dem von mir als Begleiter verlangt wird, um den Rahmen der Psychotherapie oder des seelsorglichen Gesprächs nicht zu sprengen, meine barmherzige Haltung etwas zu zügeln, damit sie mich nicht davonträgt. Wie ich bei meinem Bemühen mit Hilfe meiner Empathie den anderen ganz zu verstehen, zwischendurch zu mir zurückkehren muß, um nicht im anderen zu versinken. Ich also, wie es die chassidische Weisheit sagt, in Stunden der Entrückung auf die Uhr sehen muß, um mich in dieser Welt zu erhalten. Dieses momentane Zurückhalten von Barmherzigkeit und Mitleiden ist aber etwas anderes als die totale Abstinenz davon oder eine Einstellung, die das Aufkommen und Zulassen von Barmherzigkeit in der beraterischen Situation als unerwünscht, gar störend, erachtet.

Es geht mir also nicht darum, eine therapeutisch gesehen notwendige Zurückhaltung in Frage zu stellen. Das therapeutische Feld kennt seine eigenen Spielregeln, und es ist in der Regel wichtig, sie zu beachten. Nur das therapeutische Feld macht nicht das ganze Leben aus. Es handelt sich dabei um einen speziellen Bereich, einen Ausschnitt des Lebens; und die Spielregeln, die für die Therapie gelten, können nicht unbedingt auf andere Lebensbereiche übertragen werden und müssen es auch nicht. Das gilt auch für den seelsorglichen Bereich. Hier gibt es Bereiche z. B. das seelsorgliche Gespräch, wo therapeutische Erkenntnisse und Verhaltensweisen von Hilfe sein können.

Die andere Seite ist, daß Barmherzigkeit die Tendenz hat, den Rahmen der Therapie oder des seelsorglichen Gespräches zu sprengen. Sie hat dort ihren Platz und stellt dabei mit die wichtigste Grundhaltung dar. Sie läßt sich aber nicht darauf beschränken und kennt, ja verlangt oft, andere, radikalere Weisen, um ganz ausschwingen, ganz verwirktlicht werden zu können.

6. Therapeutische Begegnung, die vom Herzen kommt

Nur mit dem, was mein Herz berührt,
kann ich auch Dein Herz anrühren.
Henri Nouwen

Wenn das, was ich tue, von Herzen kommt

Es gibt eine Kraft in uns, die zu unserem Wesen gehört, die uns zu eigen ist, die uns antreibt, uns in Bewegung hält, nach vorne gehen läßt, zumindest uns dazu auffordert. Ein ganz entscheidendes Charakteristikum dieser Kraft, wenn nicht das entscheidende, ist, das hier etwas ist, das ganz mit mir selbst, mit meinem Innersten zu tun hat. Jene Kraft steht in einer unmittelbaren Berührung mit mir selbst. Ja, sie ist sozusagen die Umsetzung, die Verwirklichung meines Selbst. Sie wird gespeist von mir. In ihr kommt mein Interesse, mein Verlangen, mein ‚concern' zum Ausdruck.
Was ich tue, wird da zu *meinem* Tun, wird da zu einer Handlung, bei der *ich* wirklich beteiligt bin, wo jene Kraft mit im Spiel ist. Ich kann in einem Kiosk Eis verkaufen und dabei einfach die dafür notwendigen Bewegungen verrichten. Ich kann das tun, ohne auf die Menschen meine Aufmerksamkeit zu richten, denen ich das Eis verkaufe. Ich mag mir gar nichts dabei denken. Ich kann aber auch dieselben Bewegungen machen und dabei jene Kraft mit ins Spiel bringen. Meine Bewegungen

werden dann zu *meiner* Handlung. Vielleicht macht es mir Spaß, die junge Frau, die von mir ein Eis verlangt, zu bedienen. Oder ich freue mich, daß das Geschäft geht. Ich mag zufrieden sein, daß mein Eis ankommt. In mir mag ein schönes Gefühl hochkommen, gebraucht zu sein.

Die Möglichkeiten, jene Kraft ins Spiel zu bringen, dürften vielfältig sein. Entscheidend ist, daß hinter dem, was ich tue, etwas von mir spürbar und sichtbar ist, daß gleichsam das Handeln eingefärbt ist von dem, was wesentlich mit mir zu tun hat. Wenn bei dem, was ich tue, etwas von dem zum Ausdruck kommt, etwas von dem beteiligt ist, was mit meinem ureigenen Interesse in Einklang zu bringen ist, bin ich authentisch, vor allem aber verwirkliche ich mich selbst. Ich lasse jene Kraft in mir, die da ist und darauf aus ist, verwirklicht zu werden, wirken, ermögliche es ihr, sich in mein Leben hinein umzusetzen. Zwischen dem, was ich tue und dem was ich fühle, empfinde, denke, an Einstellung habe, besteht kein – zumindest größerer, grundsätzlicher – Gegensatz. Das, was bei mir da ist an Energie, an Kraft, die verwirklicht werden will, kann ausströmen, kann in einer Weise verwirklicht werden, die meinem inneren Streben und Wünschen entspricht. Wo das möglich ist, kann ich sagen, daß das, was ich tue, von Herzen kommt.

Es gibt eine Empathie, die wirklich herzlos ist. Eine Empathie, die zur Technik entartet ist. Da sitzt mir dann jemand gegenüber, der mir alle Offenheit der Welt signalisiert, wo ich alles sagen darf und vielleicht auch kann, doch das Herz ist an und für sich nicht im Spiel. Seine Empathie ist zur Methode geworden wie für manchen Priester die Feier der Eucharistie zu einer Sache geworden ist, die er bestens beherrscht, auf der anderen Seite aber auch einfach vollzieht – seelenlos. Dann aber wird die Empathie schal. Sie entbehrt jener Kraft, die Ausfluß des zutiefst Menschlichen ist, in der und über die jener so wichtige und heilende Brückenschlag von Mensch zu Mensch erfolgt.

Eine Kraft, die sich dann entbinden und entfalten kann, wenn mein Herz beteiligt ist, wenn meine Empathie eine Herzensangelegenheit ist.
Barmherzig zu sein schließt nicht aus, den anderen zu konfrontieren, ihn auf mögliche Verfehlungen und Schuld aufmerksam zu machen. Es ist keine laissez faire Haltung, keine billige Wischi-Waschi-Akzeptanz. Es meint: Ich durchbreche die Mauer, die mich davon abhalten will, zum anderen zu gelangen, die ihn von meinem inneren und äußeren Leben abtrennen möchte. Ich unterlaufe die sich in mir anbahnende Verachtung und kehre sie um in Erbarmen. Das setzt voraus, daß ich tiefer gehe. Tiefer bei mir und tiefer beim anderen. Ich suche in der Tiefe meines Herzens die Einstellung, Energie, die bereit ist, auf den anderen hinzuströmen. Ich versuche im anderen den Mitmenschen, den Bruder, die Schwester zu sehen. Ich vergewaltige mich dabei nicht. Ich lasse mir Zeit. Lasse auch die widerstrebenden Empfindungen und Gefühle zu, ohne aber nachzulassen, die Stelle in mir zu finden, die bereit ist, innerlich auf den anderen zuzugehen. Und dann habe ich sie gefunden. Ich spüre sie. Ich bin mit meinem Herzen in Berührung. Ich überlasse mich meinem Herzen. Und ich spüre, wie es schlägt – für mich und den anderen.

Den anderen in seinem Mutterschoß tragen

„Im Hebräischen heißt Barmherzigkeit“ so Anselm Grün (1989, 23), „den anderen in seinem Mutterschoß tragen, ihn heranreifen lassen, bis er selbst wachsen und leben kann.“ Barmherzig sein meint somit, die andere Person wirklich ganz tief an sich heranzulassen, sie ganz tief in sich hineinzulassen. Nicht vorschnell abzuwinken, sich abzuwenden, oder lediglich an der Oberfläche zu bleiben. Wenn ich aber die andere wirklich bei mir einlasse , sie in all dem, was sie ausmacht, bei mir zulasse, sie damit mir vertraut mache, so daß ich sie erkenne, dann kann ich gar nicht mehr anders als *compassion*, Mitleidenschaft, Barmherzigkeit, für sie zu empfinden. Dann werden jene Kräfte in meinem Mutterschoß entbunden, die mich hinziehen und hindrängen zu ihr, wie wenn sie mich in Bann ziehen würden und ich fast nicht mehr anders kann als sie zuzulassen und mich ihnen auszuliefern.

Es ist eine der tiefsten und zugleich beglückensten Erfahrungen in der Therapie, daß je mehr sich der Ratsuchende mir gegenüber enthüllt hat, ich ihn in seiner wahren Menschlichkeit erkannt habe, sich mein Herz für ihn öffnet, ich an seinem Leben Anteil nehme, er mich beschäftigt, ich ihm wohl will und ich mich seiner erbarme. Ja, er hat in diesem Moment einen Platz in meinem Mutterschoß, er ist umfangen von diesem heiligen Raum meiner allertiefsten, urgründigen und authentischsten Gefühle. Er hat einen Platz in meinem Herzen und kommt in den Genuß der Teilhabe an meinem Herzen.

Einmal kommt die Zeit, in der er diesen Raum wieder verläßt, weil er der intensiven Teilnahme meines Herzens nicht länger bedarf. Mein Herz schlägt auch dann noch für ihn. Die Schwingungen meines Herzen gelten auch weiterhin ihm und berühren ihn. Doch sie sind weniger intensiv. Sie konzentrieren sich jetzt auf den, der noch nicht aus meinem Mutterschoß entbunden werden kann oder neu in meinem Mutterschoß Zuflucht gesucht hat.

Barmherzigkeit wird wie von selbst entbunden

Es ist ein Kennzeichen der therapeutischen Begegnung, daß sie von dem Auseinanderlaufen des Massenkollektivs unterscheidet. Sie kann zur Kontemplation werden, zum unschuldigen

Sich-anschauen-Können, zu einer Erlebnisweise, bei der tief im Menschen angelegte Quellen der Zuneigung, des Mitleidens und des Verständnisses füreinander zunehmend sich rühren, sich melden, strömen können. In der therapeutischen Begegnung findet das tiefe Bedürfnis des Menschen zur Kontemplation eine ausgezeichnete Weise der Verwirklichung. In der schauenden Begegnung mache ich mir die andere Person vertraut, vergegenwärtige ich sie mir. Ich kann gar nicht anders als einzutauchen in sie, habe ich mich einmal dem tiefen Bedürfnis, mich in sie zu versenken, überlassen.
Dann aber kann ich auch nicht mehr anders als meine Liebe, mein Mit-Leiden, mein Verstehen für sie zuzulassen, sie quellen zu lassen und für sie und uns fruchtbar werden zu lassen. Sie werden wie von selbst entbunden, wollen zugelassen werden, wollen leben, wollen auf die andere hin sich verströmen. Wie ganz anders verhält es sich, wenn Menschen aneinander vorbeirennen, im Bus, in der Bahn, aneinander vorbeischauen, sich voreinander verschließen, damit zugleich aber auch die Quelle ihres Mit-Leidens, verschließen und versiegen lassen. Das passiert dann, wenn das zutiefst Menschliche außer acht gelassen wird, wenn das Lebendige, Verwundbare, Unberechenbare, Quirlige, letztlich Unfaßbare das „Menschlich-Sein" eingesperrt, unterdrückt, durch Ideologie – sei sie politisch oder religiös – beeinträchtigt, gar einbetoniert wird.
Das ist dann auch der Moment – und das sollten vor allem jene beachten, die im Namen Gottes das Menschliche meinen unterdrücken zu müssen – in dem Gott beeinträchtigt und einbetoniert wird. Denn, so sagt Joseph Ratzinger: In seinem Intimum berührt sich das Christliche durchaus mit dem Allgemein-Menschlichen. Es ist vielleicht doch nicht so falsch zu sagen, das Allerchristlichste sei das Allermenschlichste. Was aber ist menschlicher als das menschliche Herz des Erbarmens, wo wird Menschsein in seiner Einzigartigkeit deutlicher zum Aus-

druck gebracht als in der Fähigkeit, sich des anderen erbarmen zu können, für ihn und sie soviel zu empfinden, daß es das eigene Herz bewegt, wenn ich die Not eines Mitmenschen sehe und vernehme? Ich mich aufmache ihn/ihr beizustehen, gepackt von Barmherzigkeit und Erbarmen.
„So spricht der Herr, der dich gemacht und bereitet hat, und der dir beisteht von Mutterleib an" (Jes 44,2). Am Anfang unseres Lebens steht der Mutterleib, und es ist der Anfang, der Mutterleib Gottes, der uns ein ganzes Leben lang begleitet. Wie wenn Gottes Mutterleib zu unserem Mutterleib geworden wäre und wir unserem Anfang, Gott, am nächsten sind, wenn wir aus dem Mutterleib heraus handeln, uns von unserem Mutterleib her bewegen und motivieren lassen. Durch unseren Mutterleib ist die entscheidende, die tiefste Verbindung mit Gott hergestellt. Er ist zugleich der Ort der Barmherzigkeit.

Der Therapeut – als Herz des Ratsuchenden

In der therapeutischen Begegnung gibt es Momente, in denen ich als Therapeut die Stelle des Herzens der Ratsuchenden einnehme. Ich bin ihr Herz, das schlägt, das sich regt. Das es satt hat, übergangen, überhört zu werden. Und ich melde mich. Ich lasse mich nicht länger zurückhalten. Ich klage mein Leid, erzähle von meinen Schmerzen, erlaube mir endlich, das ganze Elend, das mich bedrückt, auszusprechen, vor mich und andere hinzustellen. Vor allem aber halte ich jetzt nicht länger meine Wünsche und Sehnsüchte zurück. Ich bin nicht länger bereit, mich durch Rationalisierungen, Befürchtungen und Reglementierungen daran hindern zu lassen. Ich bin nicht länger bereit, diesen mich schier verrückt machenden Druck auszuhalten, der auf mir lastet, wenn ich mein tiefstes Verlangen verleugne, einsperre. Jetzt halte ich es nicht mehr länger zurück.

Die ratsuchende Person mag zunächst weiterhin in ihrer Befangenheit verharren. Ja, die Kräfte in ihr, die bisher ihr Herz ausgeschaltet haben, mögen sich noch stärker melden und die Wege, die zum Herzen und aus dem Herzen führen noch mehr blockieren. Doch, wenn ich stellvertretend für das Herz der Ratsuchenden, nicht nachlasse, zu schlagen, mich in Erinnerung zu rufen, mich nicht abhängen zu lassen, sondern mich rückhaltlos zeige, mich aussetze und zumute, habe ich eine Chance, im Herzen der Ratsuchenden anzukommen. Je mehr es mir als Therapeut gelingt, wirklich zum Herzen der Ratsuchenden zu werden, ihr Herz zu sein, desto leichter wird es ihrem Herzen fallen, sich von den Schwingungen, die von mir ausgehen, erfassen zu lassen. Manchmal wird sie gar nicht anders können als sich davon anrühren zu lassen, sich dadurch in Schwingung bringen zu lassen, so sehr ist das, was von mir her kommt, das Eigene, das, was die Ratsuchende zutiefst selbst berührt. Oder aber das Herz der Klientin spürt zunächst ganz leise, daß vom Therapeuten eine Schwingung ausgeht, die es anzieht, bis sie sich zunehmend davon verlocken, anziehen läßt. Es wacht immer mehr auf, geht immer mehr auf, reckt sich, entscheidet sich schließlich, sich selbst schlagen zuhören, mit dem eigenen Schmerz und Verlangen in Berührung zu sein, sich selbst ins Wort zu bringen, selbst zu klagen, zu weinen, Wünsche und Sehnsüchte zuzulassen und auszusprechen.
Je mehr das Herz der Ratsuchenden sich selbst wieder gefunden hat und aufgewacht ist, sein Schlagen und Pochen von der Person wieder vernommen werden, es (wieder) die Führung in ihrem Leben übernommen hat, desto weniger muß der Therapeut die Aufgabe des Herzens übernehmen. Das Herz der Ratsuchenden braucht nicht länger in Bewegung gesetzt, gestützt und gestärkt werden. Es schlägt von alleine und übernimmt (wieder) alle die Aufgaben, die ihm zukommen.

7. Barmherzigkeit gegenüber sich selbst

Wenn du ein Herz hast,
kannst du gerettet werden.
Abba Pambo

Die Barmherzigkeit ist stärker als der Sklavenhalter in dir

„Wenn du ein Herz hast, kannst du gerettet werden", sagt Abba Pambo. Wenn du ein Herz hast, ein Herz hast, das schlägt, das wirklich deine Mitte ausmacht, von dem letztlich alles ausgeht und auf das hin sich alles sammelt, dann kannst du gerettet, erlöst, befreit werden. Dann hat dein eigener Sklavenhalter, der dich wie ein Sklave hält, unterdrückt, keine Chance. Er wird durch die Weite, die Lebendigkeit, die Güte deines Herzens auch dir gegenüber, verdrängt, außer Kraft gesetzt.
Der Sklavenhalter in dir hat dann auch keine Chance mehr, wenn er versucht, sich gegenüber den Mitmenschen in Szene zu setzen, gegen sie zu wüten. Wenn du ein Herz hast, kannst du gerettet werden. Das ist die tröstliche Botschaft für jenen, der sich selbst zerfleischt, sich selbst gegenüber nicht barmherzig sein kann. Und es ist eine frohe und zugleich mahnende Botschaft an die, die anderen gegenüber – und manchmal sogar mit kirchlichem oder religiösem Anspruch – den Sklavenhalter hervorkehren, der kein Herz zu haben scheint.
Ob wir den Sklavenhalter, der uns und andere niederhält, uns und anderen gegenüber unbarmherzig ist, ganz ausschalten können, ist fraglich. Allein, er darf letztlich nicht den Sieg davontragen, auch dann nicht, wenn er es verstanden hat, sich im Gewande eines herzlosen Über-Ichs oder staatlicher und kirchlicher Gesetze großen Einfluß zu verschaffen und nahezu – so scheint es – unangreifbar geworden ist. Die Barmherzigkeit muß stärker sein, sie darf nicht auf der Strecke bleiben.

Du großer Kritiker
ja, in vielem triffst du ins Schwarze
und deine analytische Brille hilft dir dabei sehr.
Allein du großer Kritiker,
du wirst immer kritisieren,
weil es ja immer etwas zu kritisieren gibt.
Du wirst immer
wie ein Moralapostel, ein Prophet, ein Besserwisser, ein Guru
ein Betroffener
die Finger in die Wunde legen,
manchmal halsschreierisch, gekonnt, brillant
manchmal messerscharf, monoton, suggestiv.
Du wirst nicht zur Ruhe kommen
und die Kritisierten werden dich nicht zur Ruhe kommen lassen.
Doch vor allem wirst du nicht selbst zur Ruhe kommen,
solange du nicht mit deinem Kern in Berührung gekommen bist,
du Brände legst, meinst für andere die Fesseln und Ketten lösen zu müssen,
Explosionen erzeugst,
allein, dein Kern unberührt bleibt,
du nicht vermagst ihn zu sprengen,
ihn zu vulkanisieren,
ihn über dich auszuschütten,
dich von ihm überschwemmen zu lassen.
Solange du nicht dir selbst gegenüber barmherzig sein kannst
wirst du nicht deine Lebendigkeit spüren,
wirst du nicht die Weite und Weichheit deines Mutterschoßes an dir selbst erfahren und spüren.
Du wirst sehr gewählt und treffend darüber schreiben können,
deine Sehnsucht danach wird aus jedem deiner Worte zu vernehmen und zu erkennen sein.

*Doch solange du die eigenen Fesseln,
die deinen Kern umspannen,
dir den Zugang dazu verwehren,
dir seine Nahrung und seinen Trank vorenthalten,
solange du deine eigenen Fesseln nicht lösen kannst,
wirst du weiter kritisieren,
noch eins draufgeben,
ätzende Galle spritzen,
manchmal auch mit Windmühlen kämpfen,
die deiner Phantasie entsprungen sind,
und dabei starr vor dich hinblicken,
traurig und leer sein.*

*Bis vielleicht einmal
dich eine zarte Hand berührt,
du dich selbst wie eine Mutter ihr Kind in den Arm nimmst,
an dein Herz drückst,
und die Stricke platzen,
die dich bisher gefangen hielten,
und du japsend,
es kaum glauben könnend,
den warmen Strom, der dich durchflutet,
einfach über dich ergehen lässest, genießend,
voll Dankbarkeit.*

*Um dann
nach einer Weile
befreit und erlöst, wie du jetzt bist,
das zu sagen, offen, klar, bestimmt, mutig
was dich bedrückt, du für ungerecht und falsch erachtest.
Es wird noch vieles geben, das zu kritisieren ist.
Allein, es wird vermutlich etwas anderes sein.
Vor allem aber wird es nicht länger etwas sein,*

das an die Stelle deiner eigentlichen Unzufriedenheit
deiner eigentlichen Enge und Not getreten ist.

Jetzt bist du ja bei dir angekommen,
jetzt bist du ja mit deinem Kern in Berührung,
jetzt bist du wirklich in dich eingebrochen,
bist du frei, hast du dich befreit.

Die Erfahrungen, die ich mache, wenn ich mir selbst mit Barmherzigkeit begegne, reichen in meine tiefste Schicht. Sie erreichen den Ort in mir, in dem ich die tiefsten Erfahrungen machen kann, und der für so etwas wie den Kern von mir steht. Es ist der Bereich, der weit vor einer intellektuellen Leistung oder einer Einsicht steht. Von daher auch nicht ein Bereich, den ich über intellektuelle Leistungen oder Einsichten erreiche. Es ist ein Bereich, der in einer gewissen Weise viel zu primitiv, zu einfach strukturiert ist, als daß er über intellektuelles Bemühen erreichbar wäre. Er ist allein über die Erfahrung zugänglich. Über sie kann er sozusagen angebohrt und fruchtbar gemacht werden für mein Leben.
Genau das ist auch der Ort, von dem aus Barmherzigkeit gespeist und möglich gemacht wird. Erst wenn dieser Ort, dieser Bereich in mein Leben hineinwirken darf, ich von dort her mein Leben entscheiden und bestimmen lasse, hat Barmherzigkeit eine Chance. Diesen Ort will ich zum Beispiel auch in der Therapie erreichen. Er soll aufgesprengt werden. Er soll sich auf den ganzen Menschen ausgießen, ihn überschwemmen. Das ist in der Tat etwas anderes als so manche therapeutische Trockenübung, die nie an diesen Bereich gelangt, ja ihn manchmal nahezu meidet wie der Teufel das Weihwasser.

Barmherzig zu sein, schließt ein, zu vergeben. Es meint, das zu beseitigen, auszulöschen, was zwischen uns, manchmal auch, was zwischen mir und meinem Selbst, steht. Dabei geht es darum, das, was das Gegenteil von Barmherzigkeit, nämlich Hartherzigkeit, verhindert, zu ermöglichen: Befreiung und Erlösung. Wo ich mir und dem anderen in Barmherzigkeit begegnen kann, wird die Zurückweisung mir und dem anderen gegenüber aufgelöst, wird sie transzendiert (vgl. May 1981, 230). „Das Positive bei der Vergebung gegenüber anderen besteht darin, daß es zur gleichen Zeit die Abneigung, die ich mir selbst gegenüber hege, auslöscht."

Sich selbst gegenüber barmherzig zu sein, „vermittelt eine neue Sichtweise von dem, was es heißt, menschlich zu sein und hilft weniger hart sich selbst gegenüber zu sein ... So paradox es klingen mag, es verschafft uns einen Ort außerhalb unserer Hartherzigkeit, von dem aus wir mehr tun können, um sie zu korrigieren. Wir hören dann auf, uns dafür zu verurteilen, daß wir menschlich sind, und wir sind zur gleichen Zeit in der Lage damit aufzuhören, andere dafür zu verurteilen, daß sie menschlich sind" (ebd.).

Es sind nicht die Feuerzungen der Hölle, die mir drohend vor Augen geführt, mich meine Fehler bereuen und vermeiden lassen. Es ist die weiche Tiefe der Barmherzigkeit, die mich ruft, mich in sie einzulassen – mit all meinen Fehlern –, um von ihr geläutert zu werden. Je mehr ich mich der Barmherzigkeit überlasse, mich ihrem Sog übergebe, bedingungslos ihrem Schoß anvertraue, desto mehr werde ich selbst zur Barmherzigkeit, breitet sie sich in mir aus, macht sie mich gütig.

Wahre Barmherzigkeit schließt die Barmherzigkeit gegenüber sich selbst ein. Barmherzigkeit gegenüber sich selbst: Wo das gelingt, wirklich zugelassen und erfahren wird, da krachen die

Nähte auf, da zerspringen die Ketten, die bis dahin mich niedergehalten, bedrückt, gedrückt, eingesperrt durchs Leben haben gehen lassen. Da werde ich weit, da mein Mutterschoß, mein Herz, sich endlich ausbreiten können, und ich selber weiter werde. Wo ich mir wirklich in Barmherzigkeit begegnen kann, da findet eine Explosion der Freiheit statt, da stürzen Götter und Götzen vom Sockel, die mich bisher bestimmt, manipuliert, zensiert haben. Da wird mich niederhaltenden, mich heruntermachenden, mich aufreibenden Schuldgefühlen der Boden weggezogen. Nicht der echten Schuld, der voll Barmherzigkeit vergeben wird. Wo ich mir in Barmherzigkeit zu begegnen vermag – wirklich –, da werde ich von meinem Mutterschoß überschwemmt, da wird alles in mir von seinen Schwingungen mitgerissen. Da kann ich nur aufschreien und tanzen vor Freude, da geschieht in mir ein Wunder. Da berührt mich Gott selbst, läßt ER mich seine zärtliche Barmherzigkeit spüren, zumindest aber erahnen. Das sind die Momente, in denen ich einen Vorgeschmack seiner ewigen Barmherzigkeit in mir schmecke, ich jetzt schon für Momente erfahre, was mir einst auf ewig geschenkt wird.

III.

SEELSORGE AUS BARMHERZIGKEIT

8. Seelsorge als Mission unsagbaren Erbarmens

> Der Samariter läßt sich den Magen umdrehen, ist also ganz, mit Leib, Seele und Geist, gegenwärtig, und er vergißt in diesem Augenblick geradezu sich selbst: auf den Nächsten kommt es jetzt an.
>
> *Walter Dirks*

Die Heiligen unserer Zeit sind nicht Sigmund Freud und Carl Rogers

Manchmal gewinnt man den Eindruck, als sei die therapeutische Atmosphäre, geprägt von Empathie, bedingungsloser Annahme und Echtheit, zum Ideal von Seelsorge, ja von Kirche und Christentum geworden. Bis dahin, daß die therapeutische Atmosphäre, die Psychotherapie an ihre Stelle treten. Wo das tatsächlich geschieht, sitzt man einem großen Irrtum auf. Die Heiligen unserer Zeit sind nicht Carl Rogers, Fritz Perls oder Eric Berne und es sind nicht Sigmund Freud, C. G. Jung oder Alfred Adler. Es sind Mutter Teresa, Oscar Romero, Albert Schweitzer, Anwar Sadat, nicht zu sprechen von den zahllosen unbekannten Männern und Frauen, die ihrem Herzen gehorchend über sich selbst hinausgegangen sind.

Natürlich, da gibt es oft viel Fragwürdiges, Undurchsichtiges, Bedenkliches, wenn ich die Motive selbstlosen Handelns durchforste. Allein das vermag in der Regel nicht den Wert dieses Einsatzes zu mindern. Ich finde es von daher manchmal als eine unerträgliche Arroganz, wenn anscheinend kompetente Psychologen und Therapeuten, darunter auch Theologen, meinen, sich abschätzig über Menschen äußern zu müssen, die ihr Leben für andere zur Verfügung stellen. Das gilt vor allem auch dann, wenn jene, die das tun, selbst nicht hinter ihrem Schreibtisch, ihrer Kanzel, ihrem Katheder hervorkommen, um sich so von der Not der anderen anrühren zu lassen, daß sie wenigstens für eine Weile das gescheite Analysieren, Dozieren und Predigen lassen, über ihren Schatten springen und einfach etwas für die anderen tun.
Die Männer und Frauen, die sich der anderen erbarmen, so sehr, daß sie sich für sie einsetzen, sie die anderen nicht nur innerlich berühren, sondern auch äußerlich anrühren, anlangen, singen nicht die Melodie des Gestaltgebetes von Fritz Perls (1969, 4), die nach der Weise geht:

Ich tue meine Sache und du die deine,
ich bin nicht in der Welt, um deine Erwartungen auszuleben
und du bist nicht in der Welt, um die meinen auszuleben.
Du bist du und ich bin ich
und wenn wir uns bei Gelegenheit treffen, dann ist das schön,
wenn nicht, dann kann dem nicht abgeholfen werden.

Wer in die Fußspuren Gottes treten will, dem bleibt nichts anderes übrig, als sich an seiner Mission unsagbaren Erbarmens zu beteiligen. Er und sie müssen nicht in den Tod gehen. Diesen Weg hat Gott zurückgelegt. Nur, ihre Lieder werden immer wieder auch die Gottesknechtslieder des Jesaja sein, die nach der Weise klingen:

„Er war der Allerverachteste und Unwerteste, voller Schmerz und Krankheit. Er war so verachtet, daß man das Angesicht vor ihm verbarg; darum haben wir ihn für nichts erachtet. Fürwahr er trug unsere Krankheit und lud auf sich unsere Schmerzen. Wir aber hielten ihn für den, der geplagt von Gott geschlagen und gemartert wäre. Aber er ist um unserer Missetat willen verwundet und um unserer Sünde willen zerschlagen. Die Strafe liegt auf ihm, auf daß wir Frieden hätten und durch seine Wunden sind wir geheilt" (Jes 53,3–5).

Wer sich auf die Fußspuren Gottes begeben will, vermeiden will, daß die Melodie, der er folgt, einen falschen Klang bekommt, daß die Orientierung, an der er sich ausrichtet, eine falsche Richtung einnimmt, der kann an diesem Weg nicht vorbeigehen. Es ist der Weg in das „Schwachsein, die Nichtigkeit, die Armut" (Merton 1992, 130). Es ist der Weg, der mir Wunden schlägt, auf dem ich mich aufreibe und aufbreche. Es ist der unvernünftige Weg, mich für die anderen hinzugeben, aus Erbarmen, in Barmherzigkeit.
Ich höre den Aufschrei von Psychologen und Therapeuten – ein Teil von mir eingeschlossen. Ich höre sie vom hilflosen Helfer, von Streß sprechend, vernehme Anna Freud (1992, 104), die sachlich analysierend, meint: „Die Frage bleibt offen, ob es auch eine wirklich altruistische Beziehung zu Mitmenschen gibt, bei der der eigene Triebgenuß auch in verschobener und sublimierter Form keine Rolle mehr spielt." Ich weiß, wie wichtig diese Einwendungen und Vorbehalte gegenüber einem anscheinend barmherzigen oder spontanen Verhalten sind. Denn es gibt sie natürlich, die kranke Form von Nächstenliebe, bei der ich mich selbst ausbeute, ich mir versage, zu leben, weil ich mich selbst nicht für lebens- und liebenswert erachte. Und es gibt jenes sogenannte Helfersyndrom, das mich zum Sklaven macht. Es ist von daher auch wichtig, sich mit sich

selbst auseinanderzusetzen und sich damit konfrontieren zu lassen, daß meinem anscheinend spontanen und uneigennützigen Verhalten möglicherweise auch eine recht ungesunde und eigennützige Tendenz zu Grunde liegen mag, die nicht Ausdruck echten barmherzigen Verhaltens ist, sondern vielmehr echtes barmherziges Verhalten verhindert und verzerrt.
Und dennoch gilt: Wer sich an Gott ausrichten will, vor allem auch an der Haltung und dem Verhalten, wo er sich am meisten offenbart, nämlich seiner Barmherzigkeit, der kann gar nicht anders, als sich von seiner Barmherzigkeit führen zu lassen, anderen und – das ist wichtig – sich selbst gegenüber. Die Fähigkeit der Barmherzigkeit sich selbst gegenüber kann dabei ein wichtiges Erkennungszeichen dafür sein, ob meine Barmherzigkeit wirklich vom Herzen kommt, wirklich auch eine gesunde Form des Sich-Hingebens darstellt.
Die sich hingeben für die vielen, singen nach der Weise der Psalmen und werden, wie es Thomas Merton (1992, 112) von dem frühmorgendlichen Psalmengebet sagt, von einer einzigen Kraft aufrecht erhalten: „von der Kraft des Erbarmens, nein des großen Erbarmens. Magna misericordia". Wie, so Thomas Merton weiter, „in der Formlosigkeit von Last und Schweigen sich schließlich ein Wort selbst ausspricht: Erbarmen", so wird dieses Wort Erbarmen, durch sie zum Fleisch. Sie werden zum fleisch- zum menschgewordenen Erbarmen.

Der Moment, in dem Gottes Herz selbst vor Erbarmen erschüttert wurde

Es war auch dieses Erbarmen gegenüber uns Menschen, das Jesus umbrachte, ihn für uns in den Tod gehen ließ. Und es ist dieses in seinem Tod unüberbietbar zum Ausdruck gebrachte, tatsächlich vollbrachte, gelebte und durchlebte Erbarmen, das

heute noch wirkt, dessen Auswirkungen wir heute noch spüren – so unvorstellbar Intensives, unfaßbar Tiefes und Gewaltiges vollzog sich in diesem Moment. Der Moment, in dem Gottes Herz selbst vor Erbarmen erschüttert wurde. So sehr, daß es schien, als würde die Welt zerbersten, als ob Gottes Herz gebrochen für einen Moment stillstand, Finsternis über das ganze Land hereinbrach, die Sonne sich verdunkelte und der Vorhang im Tempel mitten entzwei riß.
Gott tritt seine „Mission unsagbaren Erbarmens an und stirbt für uns am Kreuz" (Merton 1992, 130). Wie könnte das was jenseits allen Erklärens und Theologisierens liegt, besser erklärt werden, das, was allein „verstanden" werden kann, wenn ich akzeptiere, daß es aus Erbarmen geschah, aus diesem letztlich unbegreiflichen und unvernünftigen Impuls heraus, überwältigt von Erbarmen. Gott wurde Mensch aus Erbarmen und er verließ uns als Mensch aus Erbarmen.
Die Auswirkungen dieser Bewegung des von Erbarmen überwältigten Herzens Gottes sind heute noch spürbar. Sie werden sichtbar und leibhaftig spürbar im Erbarmen und Mitleid, das immer wieder Menschen, seien sie Christen, Moslems oder Atheisten für ihre Mitmenschen, für die Schöpfung und ihre Geschöpfe empfinden, und sie bereit sein läßt, überwältigt von Erbarmen, sich hinzugeben im Einsatz für die anderen. Sie sind der Ausfluß von Gottes Erbarmen.

Nicht reden von der Religion der Liebe, sondern sie verwirklichen

Albert Schweitzer ist ein Beispiel dafür, wie sehr in der Mitte des christlichen Glaubens die gelebte Barmherzigkeit steht und zu welchen radikalen Konsequenzen sie einen verleiten kann, ist man erst einmal von ihr erfaßt worden. Ihm, einen Mann

des geschriebenen und gesprochenen Wortes, verlangte es danach, „der von Jesus verkündeten Liebe zu dienen" (Schweitzer 1955, 76). Das neue Tun konnte sich Albert Schweitzer „nicht als ein Reden von der Religion der Liebe, sondern nur als ein reines Verwirklichen derselben vorstellen" (80). Er machte dabei auch die Erfahrung, daß das Streben, der von Jesus verkündeten Liebe zu dienen, einen aus der Bahn werfen kann. Wo ich dann gar nicht mehr anders kann als dem Streben nachzugeben. „Als ein Unbekannter und Namenloser kommt er zu uns, wie er am Gestade des Sees an jene Männer, die nicht wußten, wer er war, herantrat. Er sagt dasselbe Wort: Du aber folge mir nach! und stellt uns vor die Aufgabe, die er in unserer Zeit lösen muß. Er gebietet. Von denjenigen, welche ihm glauben, Weisen und Unweisen, wird er sich offenbaren in dem, was sie in seiner Gemeinschaft an Frieden, Wirken, Kämpfen und Leiden erleben durften, und als ein unaussprechliches Geheimnis werden sie erfahren, wer er ist ..." (50).
Sosehr Albert Schweitzer „mit Liebe und Ehrfurcht und Dankbarkeit" (52) an der Kirche hält, glaubt er „dem Christentum durch die Stärke der Hingebung an die Religion, der Liebe Jesu besser zu dienen ... als durch Unterwerfung unter sämtliche Glaubenssätze" (52). Denn, so Albert Schweitzer: „Hat die Kirche den Geist Jesu, so ist in ihr Platz für alle christliche Frömmigkeit, auch für die freigerichtete" (ebd.).
Wie sehr Albert Schweitzer wirklich ein Mensch ist, „im Dienst der Barmherzigkeit" (201), der Barmherzigkeit spürt, der sich auf die unmittelbare Begegnung und Auseinandersetzung mit den anderen und ihrer Not einläßt, wird deutlich, wenn er sagt: „Ich konnte nicht anders als alles Weh, das ich um mich herum sah, dauernd miterleben, nicht nur das der Menschen, sondern auch das der Kreatur. Mich diesem Mit-Leiden zu entziehn, habe ich nie versucht. Es erschien mir selbstverständlich, daß wir alle an der Last von Weh, die auf

der Welt liegt, mittragen müssen“ (200). Und dann sagt Albert Schweitzer etwas, das jedem Gesprächspsychotherapeuten das Herz höherschlagen läßt, da darin das Credo der person-zentrierten Therapie zum Ausdruck kommt: Im therapeutischen Prozeß zählt zuerst die Erfahrung und nicht die Einsicht und Erklärung. „Schon während meiner Gymnasialzeit war mir klar, daß mich keine Erklärung des Übels in der Welt jemals befriedigen könne, sondern daß sie alle auf Sophistereien hinauslaufen und im Grunde nichts anderes bezwecken, als es den Menschen zu ermöglichen, das Elend um sie herum weniger lebhaft mitzuerleben“ (200).

Ist es nicht genau das, was uns in der Seelsorge und in der Therapie so oft fehlt? Die Bereitschaft mit-zu-leiden, uns wirklich vom anderen und seiner Not berühren zu lassen. Und ist es nicht so, daß wir uns viele Techniken und Worte – oft auch gerade fromme Worte – einfallen lassen, auch, um Distanz zu halten, um uns eben nicht einzulassen?

Die entscheidenden Worte christlichen Lebens bleiben: Demut, Sanftheit, Mitleid, Entsagung, Glaube und Gebet

Manchmal habe ich den Eindruck, daß Seelsorger, Ordensschwestern, Christen, so fixiert sind auf die möglichen ungesunden Motive und Auswirkungen einer Einstellung und eines Verhaltens, das als Nächstenliebe ausgegeben wird, daß sie statt sich darauf zu beschränken, die ungesunden Elemente anzuschauen, zu bearbeiten, zu verwandeln und gegebenenfalls zu verändern, Worten wie „sich hingeben für andere“ skeptisch begegnen – und es dann auch unterlassen. Damit einher geht nicht selten ein Rückzug in die Privatheit. Der Fernseher wird immer größer und nimmt an Bedeutung zu; die antiken Möbel werden zahlreicher, die Aufenthalte im eigenen Wochenendhaus finden immer öfter statt, die Ausflüge auf den Spuren von X und Y werden immer ausgedehnter. Der Seelsorger und die Seelsorgerin, die Ordensfrau, der Ordensbruder haben ein Recht auf ein privates Leben und Freizeit. Sie haben nicht nur ein Recht darauf, privates Leben und freie Zeit sind auch notwendig, damit sie sich selbst und ihrer Arbeit, ihrem Dienst gerecht werden können. Und dennoch kann und darf gerade ihnen die Provokation der Barmherzigkeit nicht erspart bleiben. Die Barmherzigkeit, die mich in der unmittelbaren Begegnung überwältigen kann und die Barmherzigkeit, die mir letztlich gar keinen anderen Spielraum läßt, als alle Arrangements – zumindest für eine Weile – hinter mir zu lassen, meine Zeit, Energie, mich für andere hinzugeben. „Denn Seelsorge", so Henri Nouwen (in: Müller 1992, 81) „heißt, daß wir uns geben, uns hingeben, uns verschenken."

Es geht mir nicht darum, die therapeutischen Einstellungs- und Verhaltensweisen abzuwerten. Dafür bedeuten sie mir persönlich zu viel. Mir geht es darum, einer Vorstellung gegenzuwirken, die den Eindruck vermittelt, als seien Empathie, bedingungslose Annahme und Echtheit die letztlich entscheidenden, mitunter neuen großen Worte und Verhaltensweisen, die das Wesentliche christlichen Tuns und Verhaltens charakterisieren. Es ist zu wünschen und geradezu notwendig, daß diese therapeutischen Einstellungen und Verhaltensweisen noch mehr in unseren Kirchen und Gemeinden Einlaß finden, dort gelebt werden. Es ist zu wünschen, daß gerade jene in der Kirche, an Haupt und Gliedern, die sich über diese therapeutischen Einstellungen erhaben fühlen, sich von ihnen konfrontieren lassen; daß sie bereit sind, *sich* genauer anzuschauen und von anderen genauer anschauen zu lassen. Bereit sind, von dem menschlichen „Privileg Gebrauch zu machen, sich selbst wahrzunehmen, sich selbst zu erfahren und sich selbst zu erkennen. Mich selbst vor mir ins Blickfeld zu rücken – mit meinen Fähigkeiten und meinem Unvermögen, mit meinen konstruktiven und destruktiven Kräften, mit meinen Licht- und Dunkelseiten“ (Stenger 1985, 158).

All das tritt nicht in Konkurrenz und an die Stelle der Worte und Verhaltensweisen, die immer schon die letztlich entscheidenden Worte christlichen Lebens und Wirkens ausmachen und es weiterhin sein werden, nämlich „Demut, Sanftheit, Mitleid, Entsagung, Glaube und Gebet“ (Merton 1992, 63). Die therapeutischen Einstellungen wie Empathie, bedingungslose Annahme und Echtheit können aber mit dazu beitragen, daß jemand wieder zu den sprudelnden Quellen des Mitleidens vorstößt, wirklich Mitleid zu empfinden vermag, um dann auch sein Mitleiden in ein aktives Für-die-anderen-da-Sein umzusetzen. Sie können denen helfen, deren Mund ein offenes Grab, deren Zungen von Lügen bewegt werden, deren Herz leer ist (vgl. Ps 5,10–11), wieder mehr und mehr mit dem Herz in Berührung zu kommen, ihr Herz sprechen und handeln zu lassen.

Der Weg des therapeutischen Prozesses in einem professionellen Rahmen ist dabei nur einer von vielen. Für Thomas Merton (1992, 103) ist es der Weg der Einsamkeit, der zum Mit-Leiden-Können führt. „Wer wahrhaftig allein ist, findet wahrhaftig in sich selbst das Herz des Mitleidens.“

> Wenn unser Herz sich krümmt vor Schmerz und blutet, erfaßt und entzündet vom Erbarmen für den anderen, wird aus Brot Fleisch, aus Wein Blut.

Nicht wenige Seelsorger sind zu Stein geworden

Nicht wenige Seelsorger und Seelsorgerinnen sind zu Stein geworden. Sie sind erstarrt. Sie gleichen einer gut geteerten Landstraße oder gut ausgebauten Stadtautobahnen. Sie funktionieren. Zumindest nach außen hin. Aber es bewegt sie nichts mehr, auch, weil sich in ihnen nichts mehr bewegt. Dementsprechend ist ihre Ausstrahlung: öde, steril, glatt. Sie haben sich ihrer Umgebung angepaßt, in der immer mehr zubetoniert wird: der Fluß, der Weg, die Wiese. Wie um sie herum der Beton immer mehr die Scholle, das Ackerland, den Wald, den Bach verdrängt, so überzieht der Beton immer mehr Stück für Stück ihr inneres Leben, wenn er es nicht schon ganz erstickt hat und nur noch die einstudierten Bewegungen zuläßt, die garantieren, daß alles weiterhin (gut?) funktioniert.
Dem Seelsorger, der Seelsorgerin geht es dabei wie vielen anderen, die der offensichtlichen Versteinerung ihres inneren Lebens wie einem Sog verfallen sind. Ein Sog, der uns gegen besseres Wissen und gegen tief in uns sich dagegen auflehnende Kräfte mit aller Macht in seinen Bannkreis drängt, uns damit aber täglich immer mehr in die Nähe der Unterwelt, dem Reich der Toten bringt, aus deren Inneren – so Baruch (2,16 ff.) – der Geist fortgenommen worden ist.
Der Seelsorger, der spürt, wie der Würgegriff des Betons ihm immer mehr Luft nimmt, ihm immer mehr Leben nimmt, spürt zugleich auch, wie mit jedem Stück Terrain, das der Be-

ton von ihm Besitz genommen hat, er weniger von Gott, seiner Anwesenheit, bei sich spürt. Wie Gott immer mehr aus seinem Leben verschwindet, zubetoniert wird. Es ist, als habe Gott keine Landebahn mehr, als sei da kein Empfänger mehr, als fehle der Ort, wo Gott sich niederlassen kann.
Das aber ist die Erde, der Ackerboden. Es ist das Herz, sind Leib und Seele des Menschen. Es ist das Lebendige, Durchlässige, der Ackergrund, der den Nährboden von neuem Wachsen und Gedeihen abgibt, der Fruchtbarkeit ermöglicht. Es ist das Herz des Menschen, das schlägt, sich bewegt, hüpft vor Freude, tanzt in Ekstase, sich krümmt vor Trauer, zerspringt vor Verzeiflung. Es ist der Mutterleib, der Ort des Erbarmens, der Eingeweide, des zarten Mitgefühles, der Nährboden des Vertrauens, der Schoß, der Geborgenheit schenkt. Es ist der Ort tiefempfundener Freude und Glücks, der Boden der Gipfelerfahrungen und Ekstase. Es ist der Ort, an dem ich Gottes Säuseln im Wind vernehme, an dem ich seine Nähe und seine Umfassung erahne, seine Umarmung spüren kann. Es ist der Ort , durch den ich meine göttliche Teilhabe am deutlichsten spüre.

Seelsorger und Seelsorgerinnen – Gottes Herz

Angesichts einer sich verhärtenden Eigen-, Mit-, und Umwelt, der zunehmend um sich greifenden Versteinerung, Betonierung in und um uns, die auch vor der Kirche nicht halt macht, ist auch jener Bereich in uns bedroht, der das *misereri mei*, das „Erbarme dich meiner" des anderen zu hören und darauf zu reagieren vermag. Es ist jener Bereich des zutiefst Menschlichen und damit des zugleich des zutiefst Göttlichen: der Schoß des Erbarmens, der Ort, wo Gott und Mensch sich – auch heute – immer wieder verbinden, der Ort immerwährender Menschwerdung Gottes. Ist es doch Gott selbst, der sich krümmt, schreit, weint, wenn unser Herz sich aufbäumt vor

Erbarmen, nur noch schreien, weinen und schluchzen kann, zutiefst berührt und getroffen von dem Schicksal und der Not des anderen. Ja, solange unser Herz sich noch vor Erbarmen zu krümmen vermag, solange ist Gott bei uns und in uns, solange *lebt* er noch in uns und durch uns, solange ist er selbst noch nicht im Beton erstickt worden.

Solange wir uns und wenn wir uns der anderen erbarmen können, bewegen wir uns in den Spuren Jesu, oft mehr, als wenn wir irgendwelche Vorschriften und Gesetze befolgen, die von uns mit Verweis auf ihn abverlangt werden. „Der Samariter befragt nicht das Gesetz, ob dies sein Nächster sei ... Er fragt überhaupt nicht, sondern ihm schlägt das Elend des anderen in den Magen hinein" (Zerfaß, 1979/80, 30). Dieser Samariter „handelt genauso kopflos wie der Vater, der den verlorenen Sohn sieht und – von der Ferne ihn sehend – von Erbarmen überwältigt wird".

Im Erbarmen für einen Mitmenschen, wenn es mir das Herz zerreißt, weil ich mitleide, mitfühle, wenn das Herz des anderen blutet, krümmt sich der gekreuzigte Jesus, zerreißt sein Herz, blutet sein Herz. Wo immer daher unser Herz sich krümmt und blutet, erfaßt und entzündet vom Erbarmen für den anderen, wird aus Brot Fleisch, aus Wein Blut, geraten wir in das letzte Aufbäumen des Gekreuzigten, stimmen wir ein in seinen letzten Aufschrei, nimmt unser Erbarmen Gestalt an in unserem verzweifelten Hilfeschrei: Miserere, erbarme Dich. Erbarme Du Dich seiner und meiner.

Ich denke an Dich,
an Deine hoffnungsvolle Stimme
und jetzt bist Du tot

Ich denke an Dich
und lasse
die leisen Tränen zu

Ich denke an Dich
und hätte Dir so sehr gewünscht
weiterzuleben

Da war so viel Zuversicht
in Deiner Stimme
jetzt bist Du tot

Ich denke an Dich
und mein Herz rührt sich
öffnet sich für Dich

Ich denke an Dich
laß dich herein
in mein Herz

Ich denke an Dich
Du bist da
ich werde ruhig

Ich denke an Dich
herzhaft
und jetzt bist Du nicht mehr nur tot

Wir sind Gottes Herz. Wenn unser Herz nicht länger für andere schlägt, wo kann dann Gottes Herz noch für andere schlagen? Wenn wir uns der anderen nicht mehr erbarmen, sich unser Herz krümmt, sich umdreht in der Erfahrung und Konfrontation mit der Not und dem Elend unserer Mitmenschen, womit vermag dann Gott sein Erbarmen, sein inneres Aufbäumen, sein allertiefstes Ergriffensein zeigen und zum Ausdruck bringen? Wenn Menschen sich nicht mehr ihrer Mitmenschen erbarmen, wenn es mich deiner nicht mehr erbarmt, ich im Mitfühlen und Mitleiden für dich nicht mehr durcheinander geschüttelt, erschüttert, davon getroffen werde, dann verliert auch Gott seine lebendigste, unmittelbarste, wirkungsvollste Weise, sich als der zu erweisen, der er ist, der für dich und mich *da ist*. Hört des Menschen Herz zu schlagen auf, wessen sollte sich dann Gott bedienen, um das Schlagen seines Herzens, sein Erbarmen, das Zusammenziehen seiner Eingeweide, sein Innerstes auszudrücken, zu leben und entsprechend fruchtbar zu machen?

Wir sind Gottes Herz. Durch uns, unser Herz, wirkt Gott. In unserem Erbarmen, wenn unser Herz für den Mitmenschen schlägt, sich einmal voll Sympathie erwärmt, ein andermal zerreißt, zutiefst getroffen von der Not des anderen, erbarmt sich Gott der anderen Person, schlägt sein Herz für sie und ihn, konkret, unmittelbar, rückhaltlos, echt.

Als Seelsorger oder Seelsorgerin bin ich daher zuerst jemand, dessen/deren Herz für die anderen schlägt und sich bewußt in den Dienst von Gottes Herz stellt, der/die die Mitmenschen daran erinnert, sie auch immer wieder damit in Berührung bringt, daß Gottes Herz für sie schlägt, daß Gott sich ihrer erbarmt. Meine Hauptaufgabe ist, glaubwürdig zu vermitteln, daß Gott sie nicht übersieht, er nicht aufgehört hat, sich für sie zu interessieren, ihre innere und äußere Situation kennt, wirklich kennt, wirklich darum weiß, sich davon anrühren läßt.

Im Erbarmen für einen anderen Menschen, wenn sich mein Herz ergriffen von seiner Not zusammenzieht, vollzieht sich Seelsorge, offenbart sich Gott, geschieht etwas Sakramentales. Die instinktive Zuneigung, wie sie im Erbarmen zum Ausdruck kommt, ist „in ihrer Affekthaftigkeit und Spontanität bereits Zeichen und Werkzeug der Liebe Gottes, also auch ohne daß – und gerade weil keine – Hintergedanken eine Rolle spielen – ob etwa unsere Barmherzigkeit ein Zeugnis der Glaubwürdigkeit von Kirche ist und der Arme dann wirklich durch unsere Barmherzigkeit zu Gott findet“ (Zerfaß 1989/80, 35).

Gibt es ein schöneres und tiefer empfind- und erlebbares Verständnis von Seelsorge? Oder anders ausgedrückt: Fehlt dem Seelsorger und der Seelsorgerin nicht Entscheidendes, mitunter das Entscheidende, wenn es ihnen an der Barmherzigkeit fehlt, sie in ihrer seelsorglichen Praxis nicht immer wieder von Erbarmen überwältigt werden, in ihrem Mit-Leiden eins werden mit den anderen und darin und dabei im wahrsten Sinne des Wortes zum Ausdruck Gottes werden: Ihn Gestalt annehmen, Ihn wirken, Ihn sich offenbaren lassen.

Wir sind Pflanzen, die mit den Wurzeln aus der Erde steigen müssen, um im Äther blühen und Früchte tragen zu können

Auch wenn es den Anschein hat, als würden wir selbst zunehmend mehr zubetoniert, ja, als würden wir uns selbst immer mehr zubetonieren: Wir sind Ackerboden und keine Autobahn, mögen wir auch immer mehr einer Autobahn gleichen. Der Ackerboden in uns regt sich, das Leben – auch wenn es manchmal nur ein bißchen Leben ist – gibt nicht auf, ruft sich in Erinnerung. Manchmal nur noch als ein leises Jammern und Weinen. Solange es diese Lebenszeichen noch gibt, solange sich in uns noch etwas regt, sind wir noch nicht verloren, sind wir noch nicht ganz zu Stein geworden.
Solange sich in uns etwas regt, regt sich auch unser Herz, hat es nicht aufgegeben. Es gibt da noch etwas in uns, das tiefer und mehr zu sehen vermag als ein Spiegel oder eine Kamera, das tiefer und mehr zu spüren und zu fühlen vermag, als Beton oder ein Computer. Solange unser Herz schlägt, sind wir auch noch zu herzhaftem Denken fähig, jenem besinnlichen Denken, das die von Beton gesetzten Grenzen übersteigt, das es uns ermöglicht, mit uns selbst, unserer Umwelt, mit Gott in Kontakt zu kommen und in Berührung zu bleiben. Das herzhafte Denken

verhindert, daß die letzte Öffnung zu Tieferem und Höheren zugemacht wird, indem es uns die Offenheit für das Geheimnisvolle bewahrt, das Geheimnisvolle in uns, um uns und über uns. Damit zugleich auch ermöglicht es uns – gleichsam wie in einem letzten Aufbäumen, nicht ganz Beton zu werden, nicht ganz aufzugehen im Zement, im Plastik, in der Beziehungs- und Gottlosigkeit unserer Zeit.
Solange dieses Beziehungnehmen zu uns selbst, zu unseren Mitmenschen und zu Gott noch möglich ist und solange unser Herz sich noch zu rühren vermag, solange vermag es sich auch noch zu krümmen angesichts unserer eigenen Not, angesichts der Todesängste, die uns überfallen, wenn wir spüren, wie uns die Luft ausgeht und wir im Beton zu verschwinden drohen; angesichts einer Welt, in der Menschen sich wie Objekte, wie in Beton gegossen begegnen und unsägliches Leid, seelisches und körperliches – in Form von Hunger, Folter, Quälerei, Krieg – passiert. Solange sich unser Herz noch krümmt, leben wir noch. Solange wir noch Erbarmen empfinden für uns und unsere Mitmenschen, ist noch etwas Ackerboden in uns, haben wir den Bezug, die Berührung mit der Tiefe, dem Boden nicht verloren, sind wir mit etwas verwurzelt, das mehr ist als Beton, etwas, das uns mit dem Schoß der Erde, dem wir entsprungen sind, in seinen Wurzeln in Verbindung hält, damit es uns aber zugleich erlaubt und möglich macht, uns von allen Seiten bedroht von Beton, zu erheben in „die freie Luft des hohen Himmels, den offenen Bereich des Geistes" (Heidegger 1985, 15). Und darin ruft es uns Mut zusprechend in Erinnerung:

„Wir sind Pflanzen, die
– wir mögen's uns gerne gestehen oder nicht –
mit den Wurzeln aus der Erde steigen müssen,
um im Äther blühen und Früchte tragen zu können".
(Johann Peter Hebel)

10. Der verwundete Heiler

Der verwundete Feldarzt sondiert mit Stahl
Die Wunde nach dem Krankheitsmahl
Wir fühlen, wie unter der blutenden Hand
Der Heilkunst scharfes Mitleid brennt
Des Fiebers Rätsel lösend, seine Qual.
T.S. Eliot

Die matten Augen und die hungernde Seele preisen deine Ehre

Der Weg, der zum Erbarmen führt, ist ein Lebensweg. Es ist ein innerer Weg, ein Weg mit und zu den Mitmenschen und der Umwelt und ein Weg mit und zu Gott. Oft ist es dabei auch ein Weg, manchmal auch ein Kreuzweg, in die Dunkelheit, in die eigene Dunkelheit, mit all den Ängsten und Schrecken, die damit einhergehen, und in die äußere Dunkelheit, ein Weg, der mich einbrechen läßt in meine Tiefe, dabei die rauhen Schalen durchbrechend, die bisher mein Leben bestimmten und behinderten. Damit das Kostbare in mir, mein Lebenskern, mein Erbarmen, meine Zärtlichkeit, in meinem Leben und Wirken wieder eine Rolle spielen kann. Jetzt bin ich nicht länger behindert, lebe ich nicht länger halb. Vor allem aber: Jetzt erfahre auch ich Gott als Barmherzigkeit und Liebe und andere erfahren *Ihn* durch mich als Seelsorger und Seelsorgerin als barmherzig.
Es ist der Weg, der mich zum verwundeten Heiler macht. *Er* kann Barmherzigkeit schenken, weil die Verletzungen und Wunden, die er auf seinem Lebensweg erlitten hat, ihn barmherzig gemacht haben, sie dazu beigetragen haben, daß sein Innerstes entbunden wurde, so daß sein Innerstes ausfließen kann, *durch* seine Wunden *für* andere (vgl. Müller 1993).

Wer nicht nur mit dem Kopf oder gar mit Hilfe einer Philosophie oder Theologie das Bild vom verwundeten Heiler verstehen will, der muß folgenden Worten eine Chance geben, daß sie ihn auf einer tieferen Ebene, in seinem Herzen erreichen. Solange das nicht geschieht, wird er sich damit schwer tun.

„Neige dein Ohr, Herr, und höre, öffne deine Augen und sieh! Denn nicht die Toten in der Unterwelt erweisen dir Ehre und Anerkennung; ihr Geist ist ja aus ihrem Innern fortgenommen. Der lebendige Mensch in seinem elenden Zustand, der Geist, der gebeugt und schwach einhergeht, die matten Augen und die hungernde Seele: Die preisen deine Ehre und Gerechtigkeit, o Herr“ (Baruch 2,16–18).

Kann denn jemand, der selbst verwundet ist, die Wunden anderer pflegen, für andere da sein, sie begleiten und zu ihrer Heilung beitragen? Wird mit dem Bild vom verwundeten Heiler nicht etwas Morbides, Abstoßendes, etwas, das man eigentlich überwinden muß, hochstilisiert und mit Weihen versehen, die ihm nicht zustehen? Stellt eine solche Gestalt wie der verwundete Heiler nicht eine Verhöhnung professionellen medizinischen und therapeutischen Könnens, wissenschaftlichen Bemühens im Bereich der Caritas, Seelsorge, Therapie und Sozialarbeit dar? Ja kommt darin nicht eine letztlich unakzeptierbare Provokation für eine an Leistung, Perfektion, Vollkommenheit und gutem Eindruck ausgerichteten kirchlichen Arbeit zum Ausdruck?

Leben riskieren

Der verwundete Heiler steht zunächst einmal für den Menschen, der gezeichnet ist von den Wunden, die ihm zugefügt wurden oder die er sich selbst zugefügt hat in den Auseinandersetzungen mit und in seinem Leben. Sie sind ein Zeichen dafür, daß jemand das Leben an sich herangelassen hat, er sich dem Leben gestellt hat, aus sich herausgegangen ist, etwas gewagt hat, vieles zugelassen und in sich hineingelassen hat. Wo das aber geschieht, mache ich mich verletzbar, kann es gar nicht anders sein, als daß ich immer wieder auch einmal hinfalle, enttäuscht und mißbraucht werde. Da ich mit dem wahren Leben in Berührung kommen will, dem, was in mir lebt und dem Leben meiner Mit- und Umwelt, kann ich gar nicht anders, als mir selbst und anderen gegenüber offen, das aber heißt, verwundbar, zu sein. Ich muß weich, durchlässig bleiben soll das Leben in mir und um mich herum mich formen und gestalten können, sollen die Kräfte in mir und außerhalb von mir zum Zuge kommen, die ermöglichen, daß ich *werde*, wachse und nicht erstarre und hart werde.

Ich lasse mich dabei auf einen Weg ein, der von Krisen und Brüchen begleitet ist. Ich mache dabei Erfahrungen, die mich aufreißen, mir dabei aber auch ein vertieftes Sehen und Schauen meiner selbst, meines Selbst, ermöglichen. Denn diese Krisen und Brüche brechen mich auf und ermöglichen mir somit Bekanntschaft zu machen mit dem Wesentlichen in mir. Sie bringen mich damit in Berührung, so daß ich um dieses Wesentliche nicht nur weiß, sondern es spüre, zunehmend erahne, erfahre und dann auch selbst bin.

Jene, die sich den Entwicklungskrisen, die ein selbstverständlicher Teil unseres Entwicklungsprozesses sind, gestellt haben – etwa die Identitätskrise oder später die Krise in der Mitte des Lebens –, haben in der Regel Erfahrungen gemacht, die den verwundeten Heiler kennzeichnen. Im Unterschied etwa zu jenen, deren Leben anscheinend ohne Krisen verlaufen ist; die – so scheint es – bruchlos von einer Lebensphase in die andere geglitten sind; deren Seele keine Narben von einst erlittenen Verletzungen und zugefügten Wunden aufweist. Dabei sind es unsere Narben, unsere Einkerbungen, die uns prägen, uns einen je eigenen Charakter verschaffen.

Meine Wunden öffnen mich für die andere

Menschen die Leben riskieren, dabei zu ihren inneren Tiefen vorstoßen und wieder zurückkommen, besitzen eine besondere Lebensqualität, die für ihr eigenes Leben von Bedeutung ist, die sie aber auch in besonderer Weise für einen helfenden Beruf befähigt. So steht das Bild vom verwundeten Heiler weiter für ein wesentliches Merkmal des Helfers und der Helferin, sei es als Arzt, Therapeutin, Seelsorger oder Sozialarbeiterin.
Bei manchen Seelsorgern und Seelsorgerinnen und bei manchen Beraterinnen und Beratern hat man den Eindruck, daß sie sich mit der Wirkung, die sie dank ihres Auftrages und ihrer Anstellung, dank ihrer Beauftragung, ihrer Ausbildung haben, begnügen. Sie meinen, das allein genügt, und verhalten sich dann mitunter wie Verwalter des Gnadengutes oder wie Hüter der alleinseligmachenden Lehre einer bestimmten psychotherapeutischen Schule. Das kann dazu führen, daß ihnen als Seelsorger die persönliche Beziehung zu dem Gnadengut oder als Therapeutin die wirkungsvolle Anwendung ihres professionellen Wissens abgeht, die dann wie aufgesetzt, künstlich, wirken. Wer sich aber in einem helfenden Beruf nicht hinter der Maske des Hantierens, seinem Handwerkszeug, verstecken will, wer das Beste, das er oder sie anzubieten haben, die personale Begegnung, bei der sie als Personen durchscheinen, nicht umgehen will, dem kann der Weg der offenen, rückhaltlosen Auseinandersetzung mit sich selbst und seiner Mit- und Umwelt nicht erspart werden. Jener beschwerliche Weg, der gekennzeichnet ist von Wachsen, Durchbrechen von Grenzen, Abwerfen und Verabschieden von Bisherigem; der steinig und

steil sein kann; auf dem ich hinfallen, mich verletzen, anstoßen kann; auf dem ich mich verirren und verlaufen kann. Solange ich selbst diesen Weg nicht gegangen bin, der notwendigerweise mit meiner Entfaltung und Individuation verbunden ist, vermag ich andere nicht auf jenem Weg zu begleiten. Solange ich selbst im oberen Teil der Sanduhr sitzen bleibe, den Weg durch die Enge nicht wage, werde ich kaum in der Lage sein, andere auf dem Weg durch die angstmachende Enge zu führen und zu begleiten.

Was ich auf meinem Weg meines Werdens, meiner Entfaltung, meiner Individuation geworden bin, ich dabei erfahren habe und mich dabei geprägt hat, indem es in meiner Seele und meinem Herzen Einkerbungen hinterlassen hat, ist der eigentliche Bodensatz meiner Kompetenz als Helfer oder Helferin. Es sind die in meinem Leben und meinem Entwicklungsprozeß gemachten Erfahrungen, die ein Teil von mir geworden sind, die mit mir verwoben sind, die Teil meiner Geschichte sind, zu mir gehören. Es ist einer der größten Schätze, die ich als Seelsorgerin oder Berater einbringen kann.

Für den bekannten nordamerikanischen Philosophen und Psychotherapeuten Rollo May (1981, 232) war es von daher selbstverständlich, daß er bei der Auswahl von zukünftigen Psychotherapeuten die überging, die „gut angepaßt" waren und sich der Auseinandersetzung mit ihrer eigenen Bestimmung noch nicht gestellt hatten. „Ich nahm an – und ich glaube mit Recht –, daß solche Personen nicht fähig wären, sich in ihre Patienten oder Klienten einzufühlen und mit ihnen zu fühlen." Sensibel zu werden gegenüber den eigenen Problemen, um mit anderen Personen mitleiden zu können, ist für ihn aber mit die wichtigste Aufgabe, der sich ein angehender Therapeut unterziehen muß.

Ich kann als Seelsorgerin oder Berater, als Heiler oder Heilerin, vor allem dann zur Heilung anderer beitragen, wenn ich selbst zu meiner Mitte gefunden habe, zu meinem Innersten, und auf dem Weg dabei all die Brüche und Verwundungen zugelassen habe, die dabei anfallen, wenn ich zur Mitte gehe. Dann stehe ich zu meiner Verwundbarkeit, dann stehe ich zu meinen Wunden. Dann neige ich mich als verwundeter Heiler zum anderen. Nicht, daß ich mit meinen Wunden hausieren gehe. Sie sind aber da. Sie sind sichtbar, ablesbar, an meinem Leben. Sie sind vor allem aber da in meiner Menschlichkeit und Verwundbarkeit, in meiner Transparenz und Echtheit. Sie sind sichtbar in meiner Fähigkeit, die Wunden anderer anzuschauen, zuzulassen, sie gegebenenfalls zu vertiefen. Sie sind sichtbar und spürbar in meiner Fähigkeit, mich des anderen zu erbarmen. Und sie sind da in meiner Unmittelbarkeit, meiner Nähe und Intimität, die ich der ratsuchenden Person gegenüber zum Ausdruck bringen kann. Meine Wunden öffnen mich für die andere. Über sie komme ich ihr näher. Durch sie kommt sie mir näher.

„Das Siechtum wird zum eigentlichen Heil“

All das aber ist Voraussetzung, um den Heilungsprozeß der Ratsuchenden fördern zu können. Mein Verwundetsein erleichtert es einer anderen Person überhaupt erst verwundbar zu werden oder bereits erlittene, aber nicht angenommene Wunden, zuzulassen und einhergehend damit den Schmerz, den sie auslösen, nicht länger zu übergehen. Ich trage als verwundeter Heiler zur Verstärkung des Schmerzes bei, weil ich am eigenen Leib und der eigenen Seele erfahren habe, daß die Heilung erst dann eintritt, wenn ich dem Schmerz nicht ausweiche, sondern ihn in seiner ganzen Schärfe und Härte zulasse. Für den verwundeten Heiler trifft dann zu, was T.S. Eliot (1988, 299 f.) so ausdrückt:

Der verwundete Feldarzt sondiert mit Stahl
Die Wunde nach dem Krankheitsmahl,
Wir fühlen, wie unter der blutenden Hand
Der Heilkunst scharfes Mitleid brennt,
Des Fiebers Rätsel lösend, alle Qual.

Das Siechtum wird zum eigentlichen Heil,
Wenn wir uns der Sterbe-Schwester fügen,
Die stets bemüht ist uns nicht anzulügen,
Sondern zu erinnern an unseren, und Adams, Fluch
Und uns vor unserer Heilung sagt ärgeren Schmerz voraus.

Es kann dabei nicht darum gehen, Wunden zu verherrlichen. Sie sind auch etwas, das ich vermeiden will. Sie lösen Angst aus, können furchtbar und unerträglich sein. Sie können schrecklich und abstoßend aussehen. Allein – das ist die Wirklichkeit, der ich mich stellen muß, nicht daß ich meine Wunden lecken soll, auch nicht daß ich mir unnötig Wunden schlagen oder von anderen zufügen lassen soll. „Wunden und die Verwundbarkeit, für die sie stehen, führen *nur dann* zur Heilung, wenn sie aufgedeckt worden sind, und man sich mit ihnen auseinandergesetzt hat; ansonsten sind sie eiternde Entzündungen, die unsere Gesundheit zerstören ..." (Campbell 1981, 49 f.).
Das aber setzt voraus, daß ich als Ratsuchender, Kranker, Verwundeter meine Wunden zulasse. Zunächst einmal, daß ich überhaupt zulasse, verwundbar zu sein, daß Öffnungen in mir möglich sind, ich durchstoßen und durchbrochen werde. So weh das tut, so schmerzvoll Wunden sein können. Was wäre, hätten wir einen Körper, der nicht verwundbar wäre, der nicht bluten könnte? Was wäre, wenn wir seelisch unverwundbar wären, nicht bluten könnten? Wir würden bersten unter dem Druck der Angst, der Furcht und der Schmerzen, die nicht

ausfließen, sich nicht Ausdruck verschaffen könnten. Meine Wunden zulassen heißt, die vorhandenen, mir zugefügten Wunden zuzulassen und anzunehmen und nicht so zu tun, als wären sie nicht da, sie nicht versuchen mit Make-up zu übertünchen oder hinter einer Fassade zu verstecken.
Indem ich als verwundeter Heiler meine Wunden zulasse, sie nicht verstecke, helfe ich dem Ratsuchenden, zunehmend mit den eigenen Wunden in Berührung zu kommen, sie zuzulassen und anzunehmen. Das braucht Zeit. Da kann es auch eine Phase geben, in der er sich dagegen auflehnt, zu seinen Wunden zu stehen. Doch erst, wenn er seine Wunden akzeptiert, den Schmerz, den sie verursachen, bereit ist anzunehmen, kann er gesund werden. Denn, so sagt schon Irenäus von Lyon, was nicht angenommen ist, kann nicht geheilt werden.
John Struzzo (184, 11) berichtet von einer Frau, die sich einer schwierigen Operation unterziehen mußte. Vor der Operation lächelte sie jeden an und versuchte das Krankenhauspersonal und die Mitpatienten aufzumuntern. Auch nach der Operation behielt sie ihr Lächeln und scherzte mit den Krankenschwestern. Zur gleichen Zeit heilten ihre Wunden nicht. Für die anderen war die Situation zunehmend unerträglich. Schließlich gelang es dem Krankenhausseelsorger, die Patientin mit ihren wahren Gefühlen in Berührung zu bringen und diese anzunehmen. Sie wurde ärgerlich auf den Seelsorger, und schließlich auch auf die Ärzte, die Schwestern und sogar auf Gott. Zur gleichen Zeit begann aber auch ihre Wunde zu heilen.
In Joanna Greenbergs Roman „Ich habe dir nie einen Rosengarten versprochen“ kündigt sich der Heilungsprozeß der psychiatrischen Patientin Deborah an, als sie sich verletzte und – was lange nicht geschah, wenn sie sich verletzte – Blut aus ihrer Wunde floß. Das aber will ich als verwundeter Heiler: dazu beitragen, daß die andere Person bluten kann, die Kräfte entthront werden, die das verhindern wollen, die den Eindruck

der Stärke und der Unverletzbarkeit vermitteln wollen, die Fassaden aufbauen. Mag der verwundete Heiler als Begleiter zunächst eine Provokation sein, indem er statt Stärke, Überlegenheit und Macht für Schwäche, Verwundbarkeit und Demut steht. Mit der Zeit wird er zum Gefährten, fast Freund, in dem die Ratsuchenden sich immer mehr selbst entdecken und immer mehr mit ihrer Schwäche, Menschlichkeit, Verwundbarkeit und Berührung kommen, sie zulassen und annehmen, sie loslassen, bis ihr Blut fließt. Dann kann geschehen, was Richard Shanon (in: Campbell 1981, 46) von verwundeten Austern sagt:

Verwundete Austern lassen
aus blutigen Wunden
eine Perle entstehen.
Den Schmerz, der sie zerreißt,
verwandeln sie in einen Juwel.

Durch seine Wunden sind wir geheilt

Der verwundete Heiler ist schließlich ein Bild für den Menschen, der durch seine Wunden zur Heilung anderer beiträgt. Er ist einer, dem Wunden geschlagen wurden, der sich Wunden schlagen läßt und zumindest dazu bereit ist, an der Stelle anderer und für andere. Dazu zählen jene, die ihrem Herzen gehorchend, über sich selbst hinausgeschritten sind, ihr Selbst überstiegen haben, um sich für andere hinzugeben. Sie sind der Sehnsucht ihres Herzens gefolgt, entbrannt von Erbarmen und Mitleid für andere.

Darin folgen sie Jesus nach. Er war empathisch. Er begegnete den Menschen mit Menschenfreundlichkeit, Güte, bedingungsloser Annahme und Echtheit. Insofern kann er auch ein

Vorbild für eine therapeutische, heilende Atmosphäre und Haltung sein. Doch er begnügte sich nicht damit. Er ging einen entscheidenden, radikalen Schritt weiter. Sein Herz schlug so sehr für die Menschen, daß er von Erbarmen überwältigt war. „Es ist dieses vom Elend des anderen provozierte tiefe, unvernünftige Erbarmen Gottes, mit dem Jesus in den Gleichnissen auftritt, das ihm selbst von den Synoptikern bescheinigt wird. Und das wird in den neutestamentlichen Texten zu einer ... Qualifikation Jesu, daß er aus diesem Erbarmen heraus handelt" (Zerfaß 1979/80, 34).

Es war dann auch dieses Erbarmen gegenüber uns Menschen, das Jesus umbrachte, ihn für uns in den Tod gehen ließ. Und es ist dieses in seinem Tod unüberbietbar zum Ausdruck gebrachte, tatsächlich vollbrachte, gelebte und durchlebte Erbarmen, mit all dem, was das an Schmerzen und Wunden mit sich brachte, das heute noch wirkt, dessen Auswirkung wir heute noch spüren – so unvorstellbar Intensives, unfaßbar Tiefes und Gewaltiges vollzog sich in diesem Moment. Ein Moment, in dem Gottes Herz selbst vor Erbarmen erschüttert und zu einer großen Wunde wurde, vor Erbarmen für uns blutete, er sein Blut für uns vergoß.

IV.

DIE KIRCHE ALS GOTTES MUTTERSCHOSS

11. Die Kirche als unerschöpflicher Brunnen der Güte

> Gott kommt in seine Schöpfung ... Sie krönt ihn nicht mit dem, was großartig aussieht, sondern mit dem, was größer als Glorienschein ist: Denn das, was größer als jeder Glorienschein ist, ist das Schwachsein, die Nichtigkeit, die Armut. Die setzt den unermeßlich Reichen und Mächtigen als Armen und Hilflosen in die Welt. So tritt er seine Mission unsagbaren Erbarmens an und stirbt für uns am Kreuz.
>
> *Thomas Merton*

Als Mutter alle Geschöpfe in barmherzige Zärtlichkeit eintauchen

Das Herz geht mir auf, wenn ich, seit Tagen mit dem Thema Barmherzigkeit beschäftigt, in der Frühe – die Sonne ist gerade dabei, hinter dem Großen Salven aufzutauchen – mich auf die Terrasse unseres Ferienhotels begebe und voll innerer Andacht das Prosagedicht Hagia Sophia von Thomas Merton (1992, 127) spreche, ja bete: „Als Mutter durchwirkt Er mit Seinem Leuchten alles und taucht alle Seine Geschöpfe in barmherzige Zärtlichkeit und in Licht. Das Alldurchwirkende Leuchten Gottes ist Hagia Sophia. Wir nennen sie Seine ‚Herrlichkeit'. In Sophia wird Seine Macht nur als Barmherzigkeit und Liebe erfahren."

Ich spüre in mir den Schrei nach dieser Barmherzigkeit, die Sehnsucht, daß vor allem den Männern, die unserer Kirche vorstehen, diese Seite aufgeht, diese meistens im Dunkeln schmachtende, ungelebte Ecke beleuchtet wird, aus dem Dunkel ins Licht geführt wird. Die Seite, die verhindert, daß die Prinzipien, der Rigorismus, die Härte obsiegen, indem sie alles in barmherzige Zärtlichkeit taucht. Was wäre das für eine Kirche, die ihre Nachfolge so verstehen würde, wie Er als Mutter alle Geschöpfe in barmherzige Zärtlichkeit zu tauchen, deren Macht nur als Barmherzigkeit und Liebe erfahren wird? Sie wäre eine Kirche, die von Gottes Atem am Leben erhalten würde. Sie wäre Gottes Mutterschoß und der Ort, der es Menschen leichter macht, mit ihrem Lebenskern, der in allen Dingen west, in Berührung zu kommen und für das Leben fruchtbar zu machen. Der Lebenskern aber, „der in allen Dingen west, ist Zärtlichkeit, Erbarmen, Jungfräulichkeit, ist das Licht und das Leben, insofern es passiv ist, als etwas Empfangenes, etwas Geschenktes, etwas Angenommenes, etwas, was als Gabe Gottes unerschöpflich erneuert wird" (Merton 1992, 128). Weiter sagt Thomas Merton (129): „Sophia ist das Erbarmen Gottes in uns. Sie ist die Zärtlichkeit, mit der die unendlich geheimnisvolle Macht des Verzeihens die Finsternis unserer Sünden in das Licht der Gnade umkehrt. Sie ist der unerschöpfliche Brunnen der Güte und scheint in sich selbst gar nichts anders zu sein als Erbarmen ... Sie ist in uns die versöhnliche und zärtliche Ergänzung der Allmacht, Gerechtigkeit und Schöpferwucht des Vaters."

Es genügt nicht, „das Gebot der Liebe und der Barmherzigkeit als überlieferte Wahrheit in sich" (Schweitzer 1955, 196) zu tragen, um sich dann nicht beziehungsweise erst zu spät gegen die „Sklaverei, die Hexenverbrennung, die Folter und soviele andere antike und mittelalterliche Unmenschlichkeiten" aufzulehnen. Die Barmherzigkeit muß in uns leben, sie muß immer wieder durch uns Fleisch annehmen, durch sie muß immer wieder Gottes Absicht und Tun zum Ausdruck kommen. Wo aber die Barmherzigkeit wirklich leben und bestimmen darf, wo wir wirklich durch sie Gott wirken und uns begegnen lassen, da verlieren plötzlich Erklärungen – auch theologische – ihren Boden, werden bedeutungslos, beziehungsweise auf ihre wirkliche Bedeutung zurückgedrängt.

Gesetze und Rechtfertigungen können dann zum Beispiel nicht länger dafür herhalten, daß Frauen nicht die gleichen Rechte in der Kirche zugesprochen werden. Sie werden dann unterlaufen von etwas, das tiefer ansetzt, so tief, daß die Erklärungen aus den Angeln gehoben werden, auch weil sie da, wo letztlich die Barmherzigkeit entscheidet, sie gerne den Platz räumen. Sind sie doch nur solange von Bedeutung – wollen sie wirklich theologisch sein –, solange sie Triebe der Barmherzigkeit sind, von ihr her am Leben gehalten werden und sie auf der verstandesmäßigen, theoretischen Ebene etwas – und sei es noch so armselig – von der Barmherzigkeit vermitteln und erklären wollen. Theologische Erklärungen und Theorien müssen vor der Barmherzigkeit bestehen können, wenn sie Gültigkeit für sich beanspruchen wollen. Können sie vor ihr nicht bestehen, dann können sie auch vor Gott nicht bestehen, der die Barmherzigkeit selbst ist.

Wie weit weg sind wir von einer Theologie, Kirche, Kirchenpraxis und Spiritualität, die vor allem vom Erbarmen Gottes geprägt und durchdrungen ist. Solange wir nicht so weit sind, wird das Äußere, die Macht, das einseitig Männliche, das Harte, Rigorose, anscheinend Gesetzestreue charakteristisch für unsere Theologie, Kirche, Spiritualität sein. Solange befinden

wir uns aber sprichwörtlich auf dem Holzweg, wenn nicht gar auf einer gepflasterten Straße.
Gerade die Kirche, die vor allem mit Barmherzigkeit in Zusammenhang gebracht werden soll und durch ihr Tun in der Vergangenheit und in der Gegenwart immer wieder zum Werkzeug von Gottes Barmherzigkeit geworden ist, die zugleich aber auch immer wieder der Versuchung ausgesetzt war und ist, daß der Sklavenhalter in ihr überhand nimmt, muß sich letztlich immer wieder „als barmherzige Mutter" (Johannes Paul II. 1981, 87) erweisen, die sich mit „mütterlichem Herzen" (88) den Menschen zuwendet. Sie muß das, will sie in dem Bereich, auf dem es letztlich ankommt – im Tun – Gottes Einstellung, Haltung und Verhalten gegenüber den Menschen wenigstens nahekommen, wenn sie Ausdruck, Verkörperung von Gottes Barmherzigkeit sein und immer mehr zum Vorbild von Gottes den Menschen zugedachten Verhaltens werden will. Hier entscheidet sich, ob sie *seine* Kirche ist. Sie ist es, solange sie ein Herz hat, das schlägt, und barmherzig ist, in ihr Oikonomia gelebt wird, „eine Spiritualität, die geprägt ist vom Lobpreis des allbarmherzigen ‚Haushalters' der Kirche, vom Vertrauen auf den *guten Hirten*, der jeden und jede bei ihren Namen kennt und ruft und notfalls auch einmal die 99 gesunden Schafe zurückläßt und in Erstaunen setzt, um einem einzigen verlorenen Schäflein nachzugehen" (Häring 1989, 42).

Auf der Suche nach Barmherzigkeit

Deshalb hat Kirche dort,
wo Menschen in Not sind,
zunächst nichts anderes zu tun,
als ihnen in dieser Not beizustehen.
Das Vorbild Jesu verbietet uns,

mit einem Notleidenden
zunächst über
Volkszugehörigkeit und
Kirchenmitgliedschaft,
über Weltanschauung und
Wertvorstellungen im
Sexualverhalten zu diskutieren
und unsere Hilfe an das Ergebnis
solcher Gespräche
zu knüpfen.
(Bischof Franz Kamphaus)

Polens katholischer Oberhirte hat am Samstag vor etwa 150 000 Gläubigen im Wallfahrtsort Tschenstochau verkündet, die Verbreitung von Aids sei auf die „Mißachtung moralischer Gebote, Mangel an Disziplin und sexueller Enthaltsamkeit sowie den Gebrauch von Rauschgift" zurückzuführen. Glemp verteidigte die Bewohner zweier Warschauer Vororte, die den Bau eines Zentrums für Aids-infizierte Kinder verhindern. Je mehr die Krankheit sich auf Grund moralischer Schuld ausbreite, umso mehr seien auch Unschuldige gefährdet, sagte der Primas. (Süddeutsche Zeitung, Dienstag, 18. August 1992, 44)

Solange mir Gott die Stimme läßt,
werde ich gegen den Lebenswandel,
der zu Aids führt,
auftreten,
und
solange mir Gott die Kraft gibt,
werde ich die Aidskranken pflegen
mit der Liebe,
die er mir gibt.
(Mutter Teresa)

In einer Welt der Brutalität, des Raffens, der Herzlosigkeit und Unbarmherzigkeit müßte die Kirche sich als Hort des Erbarmens erheben, müßte sie zuerst mit Barmherzigkeit in Zusammenhang gebracht werden. Es dürften einem dabei nicht nur ein paar vereinzelte – und immer wieder die gleichen – Namen einfallen. Es müßte ihr Erkennungszeichen schlechthin sein. Die weißen, roten, violetten, schwarzen Gewänder – sie gehören offensichtlich dazu. Die Dutzenden von Titeln, die oben und unten deutlich machen und unserer sehr menschlichen Schwäche gerecht werden, sind ebenfalls offensichtlich nicht wegzudenken. Unsere zum Teil wunderschönen und einzigartigen, zum Teil häßlichen, vor allem aber zunehmend leerer werdenden Kirchen, erfreuen oft das Herz. Sie sind notwendig als Begegnungsstätten und Zeichen. Doch auf all das könnten wir letztlich auch verzichten. Ja wo all das und vieles andere Gefahr läuft zum Zentrum unseres Lebens zu werden, hat man das Wichtigste und Eigentliche längst hinter sich gelassen.

Das Wichtigste und Eigentliche geschieht dort, wo es uns gelingt, zum Werkzeug von Gottes Barmherzigkeit zu werden, seiner den Menschen zugedachten Liebe zum Durchbruch zu verhelfen, uns von Gottes Herzensregung ergreifen, packen zu lassen und ergriffen davon sie im Akt der Barmherzigkeit an die anderen weiterzuleiten. Damit auch sie spüren, ihr Herz des Erbarmens wird berührt, sie in den Rhythmus von Gottes Herzschlag mit einschwingen. Die Barmherzigen, die Barmherzigkeit durch ihre Hingabe für andere leben, sie sind die Wichtigsten in der Kirche. Sie stehen im eigentlichen Sinn an ihrer Spitze, ihnen steht jedenfalls an erster Stelle dieser Platz zu. Nicht jenen, die sich nach vorne drängen, die meinen die erste Geige spielen zu müssen, sich verhalten und bedienen lassen wie Fürsten und Könige. Es sei denn, sie sind über all das hinaus vor allem barmherzig, im Herzen und in der Tat.

Ich bin die Barmherzigkeit,
auf der Suche nach einem Ort der Barmherzigkeit,
auf der Suche nach Menschen, wo ich Zuflucht finde,

Da, der Petersdom, ich hab's geschafft,
wenn nicht hier, wo sonst bin ich willkommen,
ich scheitere bereits am ersten Tor,
die Schweitzer Gardisten lassen mich nicht herein.

Versuche ich es doch einmal bei der Glaubensbehörde.
Doch, welch eine Enttäuschung,
das Dikasterium ist zu beschäftigt
mit dem Lesen zweifelhafter Schriften
und dem Verfassen maßregelnder Schreiben.

Doch, was ist es, daß ich mich plötzlich so wohl fühle?
Ohne, daß ich es richtig merke
bin ich in der Krypta der Peterskirche angelangt,
und da sitze ich jetzt auf der Grabplatte Papst Johannes XXIII,
und ich spüre wie mein Herz schlägt,
ich mich im Einklang befinde,
mit dem genius loci,
ich mir vorkomme,
wie wenn ich zu Hause angekommen bin.

Auf meiner Suche nach einem Ort,
wo ich mich wohlfühle,
mache ich immer wieder die Erfahrung,
daß es oft nicht die Orte, Einrichtungen, Menschen sind,
die Barmherzigkeit auf ihr Banner geschrieben haben,
wo ich mich wirklich wiederfinde,
und daß es schon gar nicht die Großen und Reichen sind,
auch nicht die meinen,
mich ständig im Munde führen zu müssen,
oder über mich zu schreiben (!)

Es sind die Kleinen, die Schwachen, die Armen,
sie sind die Könige und Königinnen der Barmherzigkeit.
Das Strahlen
das von ihnen, ihrer Krone ausgeht,
ist echt.
Unter ihnen fühle ich mich wohl.
Hier bin ich zu Hause.

12. Barmherzigkeit und Mysterium

> Religion ist ein Mysterium, das nicht vernichtet werden kann. Auch nicht durch die Kirche.
>
> *Graham Greene*

> Somalia ist ein Land, das Gott vergessen hat.
>
> *Der irische Außenminister David Andrews nach einem Besuch in Mogadischu.*

Das Kyrie eleison, gesprochen aus der Nacht der Seele

Religion, so Graham Greene (1991, II), „ist ein *Mysterium*, ein Mysterium, das nicht vernichtet werden kann ... Auch nicht durch die Kirche. Ein Mysterium besonderer Art". Wer die Romane von Graham Greene kennt, weiß, wie etwas von diesem Mysterium in besonderer Art immer wieder darin zum Ausdruck kommt. Als seien seine Geschichten von einem mystischen Schleier umhüllt. Es ist auch sicher von daher nicht ohne Bedeutung, daß Teilhard de Chardin und Thomas Mer-

ton die Werke von Graham Greene kannten und sich davon inspirieren ließen, bei Teilhard de Chardin bis hin zur Titelwahl eines Buches.
Barmherzigkeit und Mysterium. Ich spüre, daß es hier einen Zusammenhang geben muß. Ich kann mir schwer vorstellen, daß ein mystischer Mensch, ein Mensch, der in Berührung ist mit dem Heiligen, der die Erfahrung des Ergriffenseins, des heiligen Schauers kennt, unbarmherzig ist. Jemand ist, der darauflospoltert, Außenseiter diskriminiert, wie ein Betonklotz durch die Welt stolziert. Wer mit der Tiefe in sich in Berührung ist, wer letztlich um sich weiß und – so ist anzunehmen – auch letztlich um den anderen weiß, wie es wirklich in ihm aussieht oder grundsätzlich aussehen kann, der hat die sieben ehernen Ringe durchbrochen, die den Zugang zum eigenen Herzen und zum Herzen der anderen verhindern. Ja, nur wer mit seinem Mutterschoß, mit der Quelle seiner Barmherzigkeit in Berührung gekommen ist, von hier aus lebt, hat die Tiefe erreicht, die es ihm dann möglich macht, sich einer unendlichen Höhe zu öffnen, ohne dabei abzuheben, in einer Scheinwelt zu landen, blind zu werden oder autistisch vor sich hinzuleben.
Ich kenne Christen, darunter Priester und Bischöfe, die die Ausstrahlung eines Betonklotzes haben. Mit ihren Mitarbeitern/innen und Mitmenschen gehen sie um wie mit Objekten. Sie führen ständig Gott und Bibelzitate im Munde und pochen auf dieses und jenes. Hart wie Stahl sind sie – und zuweilen bilden sie sich noch etwas darauf ein. Wenn sie das intimste Mysterium feiern, die Eucharistie, tut mir das Herz weh, weil ich den Eindruck habe, daß ich einem bürokratischen Akt, irgendeiner Veranstaltung beiwohne. Da ist nichts von diesem Mysterium besonderer Art zu spüren, das so charakteristisch für Religion ist. Das von ihnen gesprochene Kyrie eleison klingt wie die ausgeleierte Stimme einer Ansagerin am Bahnhof. Es kommt nicht von einem Menschen, der in seine Tiefe

eingebrochen ist, dessen Kyrie eleison durchdrungen ist vom Bewußtsein und der Erfahrung der direkten Ansprache Gottes, seiner Gegenwart. Gesprochen aus der Nacht der Seele, bitterer Erfahrungen und seelischer Not. Gesprochen aus der echten Überzeugung des Erbarmens Gottes zu bedürfen: Ja, Herr, erbarme Dich meiner. Ich bedarf Deiner Barmherzigkeit.

Erst dann, wenn ich das zugeben kann, nicht nur mit den Lippen, sondern aus dem Herzen, erst dann, wenn ich meine überhohe Mauer, hinter der ich mich versteckt habe, mich dabei überheblich verhaltend, zum Einsturz bringe, meine Not, meine Zweifel, meine Bedürftigkeit zugebend, erst dann, wenn ich in mir selbst einbreche, komme ich in Berührung mit dem Grunde meiner Barmherzigkeit, kann ich mein Kyrie eleison aus der Tiefe rufen. Ist es geerdet, ist es Ausdruck meines Innersten, kommt es aus meinem Mutterschoß. Wenn aber mein Kyrie eleison aus meinem Mutterschoß kommt, kommt es von meinem Herzensgrund, dringt es zum Herzen der Menschen, – und zum Herzen Gottes. Dann wird mein Kyrie eleison zu einem Moment, in dem wahr wird:

Ich bin bei dir,
ich will dich hüten,
wo all hin du gehst,
und will dich heimkehren lassen
(1 Mose 28)

Herr, erbarme Dich

Herr erbarme Dich,
erbarme Dich meiner,
der ich so hart, eingefroren, erstarrt bin,

erbarme Dich meiner,
der ich so festgelegt, voll von Vorurteilen, eng bin,
erbarme Dich meiner,
der ich so sehr um mich selbst, meine kleine Welt kreise.

Reiß mich heraus
aus dieser Enge, dem so Festgelegten,
und mache mich weit,
steck mich an
mit Deinem mütterlichen Erbarmen,
durchmenge mich damit,
stoße mich an durch die Bewegungen
Deines bewegten Herzens
bis ich einschwinge in seinen Rhythmus.

Christus erbarme Dich,
erbarme Dich Deiner Kirche,
die oft – dazu noch in Deinem Namen – so unbarmherzig ist.
Erbarme Dich ihrer,
nimm sie auf in Deinen mütterlichen Schoß,
drück sie an Dich,
solange bis sie ob Deiner Barmherzigkeit
weich wird,
sie angesteckt von Deiner Nähe und Barmherzigkeit,
Dir immer ähnlicher wird,
das aber heißt,
immer barmherziger wird.

Herr erbarme Dich,
erbarme Dich Deiner Schöpfung und Geschöpfe,
erbarme Dich unser,
die wir in Beton und Stahl zu ersticken drohen.
Halte – um alles in der Welt – unser Herz in Bewegung
durch die Schwingungen Deines Herzens,

die stärker sind als Beton und Stahl,
erbarme Dich des Betons und des Stahls
ihres Schreies nach Leben,
dem Schrei eines geknechteten und eingesperrten Herzens.

Herr erbarme Dich,
laß mich, Deine Kirche, uns, Deine Schöpfung,
Dir so nahe gehen,
laß Dich von unserer Not so ansprechen,
daß Du ergriffen
nach uns greifst,
Du Dich unserer annimmst.

Gott ist Barmherzigkeit

„Ich glaube nicht an die Hölle. Ich habe niemals an die Hölle geglaubt. Ich halte das für einen Widerspruch. Es heißt, Gott sei die Barmherzigkeit, deshalb ist das ein Widerspruch." Soweit Graham Greene (1991, I). Gott ist die Barmherzigkeit. Manchmal möchte man es geradezu hinausschreien. In die Ohren und, wenn es soweit vordringt, in die Herzen derer, die meinen, in besonderer Weise Gott nahe zu sein, zu wissen, was er ist und meint und von uns will, und die dabei oft soweit weg zu sein scheinen von Gott, der zuallererst barmherzig ist. Gott ist Barmherzigkeit. Wer etwas anderes sagt und predigt, der spricht nicht von Gott. Der spricht von sich. Der versucht seine eigene Unbarmherzigkeit zu rechtfertigen, ihr einen Glorienschein aufzusetzen.
Angesichts eines barmherzigen Gottes erübrigen sich Fragen, wie die Not, das Elend auf der Welt mit Gott in Einklang zu bringen ist. Sie sind nicht in Einklang mit ihm zu bringen. Er will sie nicht. Er kann sie auch nicht wie ein deus ex machina

beseitigen. Was Er aber ganz sicher tut: Er leidet mit. Es verschlägt Ihm den Atem. Es haut Ihn in die Magengrube, es zerreißt Ihm das Herz, wenn er z.B. die großen, tieftraurigen Augen, dem Hungertod nahen Augen, des kleinen Mädchens aus Somalia sieht. Oder wenn Er die ausgemergelten Körper der Männer in den Gefängnissen von Bosnien-Herzegowina sieht, sich von der Not und Verzweiflung dieser Menschen ergreifen läßt. Dann weint seine Seele. Dann ist Er untröstlich. Ist es doch zugleich ein Teil von Ihm, das hier geschunden, mit Füßen getreten, mißhandelt wird. Dann fließen seine Tränen über das kleine Mädchen aus Somalia und die geschändeten Leiber der Männer in Bosnien.

Und nochmals: Es sind nicht jene, die Gott ständig im Munde führen, die manchmal halsschreierisch auf die fundamentalen Werte des Christentums meinen aufmerksam machen zu müssen, die wirklich etwas mit Ihm zu tun haben. Es sind Leute wie Mutter Teresa, Franz Kamphaus, Albert Schweitzer, Herr Schulz und Frau Meier, deren Herz für die in Not Befindlichen schlägt und die sich aufmachen, ihnen zu helfen, ihnen nahe zu sein, Gott, der die Barmherzigkeit ist, zum Fleisch werden lassen.

V.

WENN UNSER HERZ IM RHYTHMUS MIT GOTTES HERZ SCHLÄGT

13. Bis unser Herz wie ein Fluss in das ureigenste Herz Gottes einmündet

> Und wenn wir unsere Stimme nicht mit der Stimme Gottes vereinen, werden wir nie zu unserer wahren Wirklichkeit gelangen, denn sie ist der Gesang unseres eigenen Lebens, einmündend wie ein Fluß in das ureigenste Herz Gottes.
>
> *Thomas Merton*

Wenn mein Innerstes in Bewegung gerät, kündigt sich Gott an

Wer versucht, Gottes Haltung seiner Schöpfung und seinen Geschöpfen gegenüber aus der Tiefe seines Herzens zu ergründen, wird immer wieder die Erfahrung machen, wird immer wieder dahin geführt werden, manchmal auch darauf gestoßen werden, daß sie aus Barmherzigkeit und Mit-Leiden besteht. Ja sie ist die Barmherzigkeit und das Mit-Leiden schlechthin. In seiner Barmherzigkeit kommt Gottes Mitte am stärksten zum Ausdruck, in ihr rührt sich sein Herz. Sie ist Ausfluß seines Herzen, ja Teil seines Herzen. Wem Gottes Barmherzigkeit geschenkt wird, der hat Teil an Gottes Herz.
Wo dagegen Barmherzigkeit ausbleibt, ja wo gegen sie verfehlt wird, da ist auch Gott, geschweige denn sein Herz, nicht betei-

ligt. Das gilt auch dann, wenn jene, die in ihrem Reden und Tun die Barmherzigkeit übergehen, meinen, sich auf Gott berufen zu können. Es wird immer nur ihre eigene Unbarmherzigkeit sein, der sie begegnen werden, mögen sie sich noch so sehr hinter Gott verstecken. Sie machen dann nicht nur anderen das Leben schwer, sie behindern sich vor allem selbst. Denn sie richten Gottes vermeindliche Unbarmherzigkeit auch gegen sich selbst. Erst dann, wenn sie zu ihrer Unbarmherzigkeit stehen und auch dafür einstehen – auch für das Unrecht, das sie damit möglicherweise anderen angetan haben –, erst dann, wenn sie statt sich länger hinter Gott zu ver-stecken, sich von ihm wirklich an-stecken lassen, sich von seiner Barmherzigkeit, die doch ihnen genauso gilt, überrollen lassen, geschieht an ihnen Befreiung, werden sie erlöst, lösen sie sich, lassen sie sich von Gottes Barmherzigkeit durchfluten. Dann können sie gar nicht mehr anders als selbst zu flutender Barmherzigkeit zu werden, die Menschen damit zu überfluten, zu befruchten und zu beschenken. „Selig die Barmherzigen; denn sie werden Erbarmen finden“ (Mt 5,7).

„Die Stimme Gottes ertönt im Paradies“ schreibt Thomas Merton (1992, 58). „Was grausam war, ist barmherzig geworden. Was jetzt barmherzig ist, war niemals grausam. Ich habe immer Jonas mit Meinem Erbarmen überschattet, und Grausamkeiten kenne ich nicht. Hast du Mich zu Gesicht bekommen, Jonas, Mein Kind? Erbarmen in Erbarmung in Erbarmen. Ich habe dem Weltall ohne Ende verziehen, denn Ich habe niemals Sünde gekannt.“

Unsere Fähigkeit und Praxis der Barmherzigkeit ist so etwas wie ein Gradmesser über das Ausmaß und die Übereinstimmung mit Gott. Sie ist es weit mehr oder zumindest nicht weniger als das Ausmaß unserer Übereinstimmung mit einer bestimmten Lehre. Eigentlich kann man beide gar nicht trennen. Sie sind voneinander abhängig. Sie bedingen sich gegenseitig.

Unser Ziel wird es sein, Gottes Herzen immer ähnlicher zu werden, daß unser Herz zu seinem wird. Daß unser Herz sich immer mehr des anderen sich erbarmen kann, für ihn schlägt, sich krümmt ob seiner Not. Bis unser Herz immer mehr im Rhythmus mit Gottes Herz schlägt, um schließlich „wie ein Fluß in das ureigenste Herz Gottes" (Merton 1992, 65) einzumünden.

Wenn sich in meinem Mit-Leiden an der Not des anderen meine Eingeweiden in mir umdrehen, Erbarmen mich überwältigt (vgl. Hos 11,8 f), wird der Schmerz des anderen zu meinem eigenen Schmerz. Es ist der Moment, in dem ich alles, was ich habe und bin, einsetze. Ich breche die Macht des Ego und werde dadurch in die Lage versetzt „mit allem und jedem, was immer da ist, eins zu sein" (Ruben 1990, 86). In diesem Moment bewegt sich das Innerste meines Wesens. Es ist Gott selbst, der sich in meinem Mit-Leiden offenbart, „heilig aus meiner Mitte" (vgl. Hos) tritt, um sich mit der in Not Befindlichen zu verbinden, mit ihr eins zu werden.

In meinem Mit-Leiden vollzieht sich so etwas wie die Menschwerdung Gottes. Im Mit-Leiden, wenn gepackt und überwältigt von Erbarmen, meine Eingeweiden sich umdrehen, das Innerste meines Wesens in Bewegung gerät, mein Herz sich krümmt und schier zerreißt, kündigt sich Gott an, ja in all dem bringt Er sich zum Ausdruck, so weit er das für uns Menschen faßbar und spürbar tun kann. Es sind dies zugleich auch die Augenblicke, in denen Er durch uns durch unsere im Erbarmen vollzogene Vereinigung mit der anderen Person, heilig in die Mitte der anderen tritt und ihr nahe ist.

Im Mitleiden kommt etwas zutiefst Menschliches und zugleich Göttliches zum Ausdruck. Gott selbst ist in Jesus Christus zum fleischgewordenen Mitleid, Erbarmen geworden. In Jesus, seiner Person und seinem Wirken hat das Mitleid, hat Gottes Barmherzigkeit Gestalt angenommen. Wer beansprucht, etwas mit ihm zu tun zu haben, gar in seiner Nachfolge zu stehen, kann daran nicht vorbeigehen. Je mehr eine Person mitzuleiden, barmherzig zu sein, vermag, desto mehr hat sie mit IHM zu tun, egal welcher Religion sie angehört, welchen politischen oder kirchlichen Rang sie einnimmt. Je mehr ihr Herz des Mitleidens zu Gottes Herz des Mitleidens wird, desto näher ist sie Gott, desto mehr wird sie zu Gottes Herz des Mitleidens.

Wer barmherzig ist, bringt zum Ausdruck, daß Gott ihn erreicht hat, daß Gott ihn berührt hat, zu ihm, seinem Tiefsten, vorgedrungen ist. Es ist die Barmherzigkeit, die anzeigt, ob Gott bei jemandem Wohnung genommen hat, sich bei ihm wohlfühlt oder aber er – weil unwillkommen – draußen bleibt, bleiben muß. Nicht die frommen Worte und Zeichen, die gelebte Barmherzigkeit, entscheidet letztlich, ob Gott mit im Spiel ist oder aber nicht. In der gelebten Barmherzigkeit bringt sich Gott selbst zum Ausdruck. In ihr vollzieht sich einer der dichtesten Augenblicke seiner Anwesenheit, seines Wirkens. In ihr offenbart er sich, macht er deutlich, was ihn ausmacht. In ihr und durch sie begegnet er den Mitmenschen, kommt er ihnen nahe.

Die Eucharistiefeier – die Feier der großen Barmherzigkeit Gottes

Es ist auch nicht von ungefähr, daß die Eucharistiefeier so etwas wie die Feier der großen Barmherzigkeit Gottes ist. Die Erinnerung an die uns im Tod Jesu zugekommene Barmherzigkeit hält an, gilt uns auch jetzt. Hier besteht die Möglichkeit, daß wir uns vergessen, uns gehen lassen, uns total hineinbegeben in diese Barmherzigkeit Gottes, wir uns von Gottes Barmherzigkeit berühren, wirklich zutiefst berühren lassen. Wir

dürfen die Erfahrung machen, ganz und gar von IHM angenommen zu sein – wie wir sind. Vorbehaltlos dürfen wir uns seinen Armen anvertrauen und erfahren, daß Er uns aufnimmt, an sich zieht. Wir können auftanken, indem wir uns für Momente seine uns ständig geltende Barmherzigkeit vergegenwärtigen und das, was sie in uns bewirkt, um so gestärkt – hoffentlich – die uns geschenkte Barmherzigkeit weiterzutragen und weiterzuverschenken.
Bei der Wandlung schlägt Gottes Herz. Es ist der Moment, in dem sich sein Herz krümmt, aufbäumt und sich schließlich ergibt wie bei seinem Tode am Kreuze. Es ist der Moment, in dem bezeugt, gezeigt, erlebt wird, was damals geschah und heute noch gilt, wirkt, nachwirkt. Es ist der Moment, in dem sein Herz aus Barmherzigkeit sich ergießt für uns jetzt und für allezeit. Es ist der Moment des Höhepunktes. Die ganze Eucharistiefeier ist ein Hinführen, Erleben und Nachwirken der Barmherzigkeit Gottes. Sie steht mit im Zentrum. Sie wird zum Tor, durch das der Weg zu Gott führt. In der Wandlung sind wir bei der Barmherzigkeit Gottes, die er selbst ist, angekommen. Jetzt spüren wir sein Herz, vernehmen wir für Momente die Vibrationen seines Mutterschoßes, schwingen wir für Augenblicke ein in diese Vibrationen, werden wir uns der eigentlich immer schon geschenkten Barmherzigkeit Gottes bewußter, spüren wir sie stärker, erahnen wir sie tiefer.

Herr, erbarme Dich,
öffne Dein Herz für mich,
laß Dein Herz schlagen,
so, daß ich es höre und spüre,
erbarme Dich,
laß mich spüren,
daß Du mich magst,
daß Du um mich weißt.

Herr,
laß Dein Herz sich krümmen
ob der Not, dem Leid, der Unmenschlichkeit
um mich herum,
laß Dein Herz erbeben
ob der Apathie, Teilnahmlosigkeit, Versteinerung
in mir und um mich herum.

Herr,
laß Dein Herz
so sehr erzittern und erbeben,
daß seine Schwingungen
unser Herz erreichen,
es wieder zu Leben erwecken,
so daß es
mit Deinem Herz
erzittern und erbeben
sich wieder
erbarmen
kann.

Ich schütte mein Herz vor Gott aus

„Ich schütte mein Herz vor Jahwe aus" (1 Sam 1,15). Das ist die Sprache, die Gott versteht. Es ist die Sprache, für die Gott empfänglich ist.

Ich trete hin vor Gott, lasse mich fallen, innerlich und äußerlich, spreche mir vom Herzen, was mich belastet, laß dabei immer mehr zu, was mich zutiefst innerlich berührt. Ich schluchze, ich erbebe, zittere, schreie in meiner Not. Mein Herz schüttelt sich und schüttelt dabei alles ab, was es belastet. Ich lasse die Tränen meines Herzens sich hemmungslos ergießen

(Ps 119, 28). Sie durchtränken mein Herz und nehmen mit sich, was mich traurig und bedrückt sein läßt. Sie lassen es nach außen fließen, machen nach außen hin etwas sichtbar von meinem Herzen.

Wenn ich mein Herz gegenüber Gott sprechen lasse, sei es, wenn es weint, sei es, wenn es jubelt, dann spreche ich das Herz Gottes an. Dann öffnet sich sein Inneres, ist ganz wach für das, was von mir zu ihm gelangen will. Wenn mein Herz zu zittern und zu beben beginnt, gerät sein Herz in die gleichen Schwingungen und Bewegungen. Es fängt die Tränen meines Herzens auf, die sich mit seinen Tränen vermischen. So sehr erbarmen ihn die Tränen meines Herzens. Wenn ich mein Herz sprechen lasse, es wirklich nur noch mein Herz ist, das sich gehenlassend, sich vor Gott ausschüttend ihm übergibt, kann Gott gar nicht anders als sein Herz sprechen zu lassen, sich in seinem Verhalten mir gegenüber von seinem Herzen leiten zu lassen.

Seine Eingeweide, sein Herz ziehen sich zusammen, wenn er meine Not fühlt. Sein Innerstes dreht sich um, wenn sich mein Innerstes umkehrt. Und so wie Gottes Herz mit mir hüpft, er in den Tanz meiner Ekstase einschwingt, wenn mein Herz jubelt, ich überschäume vor Glück, ich ihn mit meiner Freude und meinem Jauchzen überschütte, so überfällt ihn Erbarmen mit mir, zerreißt es ihm das Herz, weint und schluchzt seine Seele, wenn ich ihm zeige, wie zerrissen mein Herz ist, wie unendlich groß meine Trauer ist, wie gelähmt, trostlos, geknickt ich vor ihm stehe und alles was ich ihm bringen kann meine Not, meine Tränen sind.

Ich schütte mein Herz vor Gott aus, weil ich weiß, daß meine Worte, meine Tränen bei ihm nicht abprallen. Weil ich spüre, sie werden aufgenommen, sie kommen an, er läßt sie ein, in sich, in sein Herz. Und allein dieses Wissen, dieses zu spüren, dies zu erfahren, erleichtert mich, läßt mich inmitten meines

Weinens erleichternd aufseufzen, läßt mich aufstöhnen in einer Mischung von Jammern und Zuversicht und Hoffnung.
Ich finde Zuflucht bei dir. Ich darf mich in dir breit machen. *Du umgibst mich wie ein Mutterleib. Du legst deinen Arm um mich, Du drückst mich an Dich. Mir wird warm. Ich kann mich einfach ausstrecken, gehen lassen, darf sein, wie ich bin. Ich kann mich ausruhen bei Dir. In Deinem Schoß bin ich geborgen. Hier darf ich verweilen, bis ich wieder zu Kräften gekommen bin.*

14. Auf der Suche nach der in allen sichtbaren Dingen wesenden unsichtbaren Fruchtbarkeit

> Gott kann aus diesen Steinen Kinder Abrahams machen.
>
> *Mattäus 3,9*

> Wie lange der Mensch hilflos vor den Schranken stand, die ihm seine Sterblichkeit setzte, wissen wir nicht. Er hätte zwar längst die Götter wegdenken können, aber er wäre frierend einem leeren Himmel ausgesetzt gewesen.
>
> *Friedrich Dürrenmatt*

Die Melodie der Barmherzigkeit der Natur vernehmen

„Ich spüre die Berufung, eine Wüstenzone des menschlichen Herzens zu erforschen, in der die Erklärungen nicht mehr ausreichen und in der man lernt, daß einzig die Erfahrung zählt, das ist ein dürrer, felsiger, finsterer Bereich der Seele, der zuweilen von fremdartigen Feuern erhellt wird, vor denen sich die Menschen fürchten und in dem sich Gespenster tummeln, die die Menschen sorgfältig meiden und denen sie nur in ihren Alpträumen begegnen. Und in dieser Zone habe ich gelernt, daß man die wirkliche Hoffnung unmöglich kennenlernen kann, ehe man nicht erfaßt hat, wie sehr die Hoffnung der Verzweiflung gleicht" (Merton 1992, 119 f).

Es ist dieses Aufbegehren gegen eine Grenze, die Ausdruck unserer menschlichen Begrenztheit ist. Ich will sie übersteigen, will begreifen, will die Frage nach dem Sinn beantwortet haben, die mich umtreibt, mich nicht ruhen läßt. Ich gebe nicht auf. Und ich scheitere letztlich, weil ich eine Grenze überschreiten will, die *ich* nicht überschreiten kann, so wie ein Tier die Grenze, die es zum Menschen, den Menschen ähnlich machen würde, nicht überschreiten kann. Und doch lohnt es sich, es zu versuchen, die Grenze, und sei es nur für einige Millimeter, zu verschieben. Es lohnt sich, sich den Erfahrungen auszusetzen, die damit einhergehen, wenn ich versuche, die Grenze zu überschreiten, die Erfahrung zu machen, begrenzt zu sein, an einer Stelle nicht mehr weiterzukommen, und dann ruhig zu werden, mich zu ergeben, mich hinzustrecken, in aller Demut. Dann werde ich weich, barmherzig. Ich spüre die Weichheit und Verletzlichkeit zugleich. Und ich spüre mein Herz. Die Antwort, nach der ich so sehr aus war, die ich um alles in der Welt erhalten wollte, sie offenbart sich durch mein Herz. Sie sickert aus meinem Inneren. Sie kennt keine Worte, und auch ich kann ihr keine Worte verleihen. Doch ich habe sie verstanden, mit dem Herzen, aus dem sie hochstieg. Sie geht mit mir um, begleitet mich.

Und immer wieder versuche ich, die Melodie der Barmherzigkeit der Natur zu vernehmen. Ist sie nicht vor allem die gewaltige, die über uns mit ihren Naturgewalten hereinbricht? Ist sie nicht vor allem die laute, die uns durch ihren Donner erschrickt? Ist sie nicht vor allem die heiße oder kalte, die uns

lähmt und erstarren läßt? Wo vernehme ich ihre zärtliche Melodie, wo spüre ich ihre Wärme? Umgibt sie mich nicht leblos, unempfänglich und unfähig zur Barmherzigkeit? Und wieder muß erst ich mich öffnen, mich voll Zärtlichkeit und Weichheit der Natur hingeben, um in Kontakt mit ihr zu kommen, um im Kontakt mir ihr ganz leise ihre Stimme zu vernehmen und die Schwingungen ihres tiefsten Regens zu spüren.
Es ist, wie es Thomas Merton (1992, 125) von der Weisheit sagt, eine sanfte, gütige, gnädige, weibliche Stimme. Humusboden lädt mich ein, mich zu kleiden, warme Sonnenstrahlen küssen mich. Klares Wasser plätschert an mir vorbei und spendet mir Erfrischung. Der Schoß der Erde, dem ich als Adam entstiegen bin und zu dem ich zurückkehren werde, hat sich mir nicht verschlossen. Ja er will, daß ich ihn nicht vergesse, so tue, als habe ich nichts mit ihm zu schaffen. Und es ist gut, ihn nicht zu vergessen, mit ihn in Kontakt und Berührung zu bleiben, seinen Geruch in der Nase zu behalten, vor allem aber sich das Gefühl zu behalten, von ihm umfaßt zu sein.

Die Berge hüpfen wie die Lämmer

„Die Berge hüpfen wie die Lämmer
die Hügel wie die jungen Schafe“ (Ps 114,4).

Die Hügel, die ich vom Hegner Strand
den Bodensee umringend erblicke, hüpfen nicht.
Am lebendigsten sind die Vögel,
die unermüdlich singen.
Die Enten schwimmen eher gemächlich
bis eine Streit sucht und plötzlich Bewegung entsteht.
Das Wasser tänzelt, schlägt zuweilen immer
größer werdende Ringe, wenn ein Fisch sich tummelt

und für einen kurzen Moment hochspringt und
seine Flossen sichtbar macht.

Nein, die Hügel hüpfen nicht
und mit Ausnahme der Fische auch nicht die Natur um mich.
Je länger ich aber die vor mir liegende Landschaft,
den See, die Tiere, die Reichenau und die dahinter
liegenden Hügel auf mich wirken lasse,
spüre ich, wie ich wacher werde,
komme ich immer mehr mit dem Leben in mir in Berührung.

Ich könnte ewig so dasitzen
und darauf warten, daß die Hügel hüpfen.
Ich könnte bis zum Nimmerleinstag
darauf warten, daß du mein Gott,
über den Bodensee dahergetanzt kämest –
wenn ich nur warten, abwartend dasitzen
und nur mit meinen Augen schauen und
sehen würde.

Ich würde dann übersehen,
daß natürlich die Hügel um den Bodensee
hüpfen wie junge Schafe,
sie dich preisen,
„der den Fels wandelte in einen Wassersee
und die Steine in Wasserbrunnen" (Ps 114,8).

An Dich zu glauben kann eine Knochenarbeit sein

Zu glauben, an Dich meinen Gott zu glauben, an Deine Wirkung, jetzt, einst und für immer, kann eine Knochenarbeit sein. Ich kann mir alles anschauen, auf mich wirken lassen, die Türme der Pfarrkirche zu Hopfgarten, die Berge hier, auf die ich gerade kurz vor Sonnenaufgang schaue, die künstlich zu-

rechtgestutzten Pflastersteine am Boden der Dachterrasse, auf der ich sitze. Ja, so hart wie dieses Pflaster kann es sein, an Dich zu glauben, ja Dich zu entdecken mit Dir in Kontakt zu kommen. Es kann so hart, so schwer sein, und ich mag mir dabei die Zähne ausbeißen, daß ich es aufgebe. Etwas ganz Trokkenes kann es sein, sich mit Dir auseinanderzusetzen.
Ich bin fasziniert, wenn ich Texte von Thomas Merton lese und dabei spüre, wie er nicht nachläßt, Dir auf die Spur zu kommen. Er immer wieder daran geht, Dir auf den Grund zu gehen, Dich aufspürt, „die in allen sichtbaren Dingen wesende unsichtbare Fruchtbarkeit und verborgene Ganzheit" (vgl. Merton 1992, 123) zu entdecken versucht.
Es kommt mir so vor, wie es der Regisseur Billy Wilder (1992, 113) mit den Worten beschreibt: „Am Anfang jedes Drehbuches und jedes Filmes begibt man sich in ein dunkles Zimmer, in dem man aneckt, stolpert, auch stürzt, in dem man aber auch, sobald man es mit seinen Ideen zu erleuchten beginnt, die aufregendsten Entdeckungen machen kann."
Während ich das schreibe, umgeben von der Berglandschaft der Kitzbüheler Alpen – der Sonnenaufgang kündigt sich an – steigt in mir das Wort Barmherzigkeit hoch. Es scheint sich so sehr abzuheben von meiner Umgebung. Sie, die Barmherzigkeit, scheint damit überhaupt nicht in einen Zusammenhang zu bringen zu sein. Können die mich umgebende Natur, die Bäume, Wiesen, die schwarzen Vögel, die sich inzwischen auf die Kirchturmspitze zurückgezogen haben, barmherzig sein? Kann die Kirche, das Pflaster unter mit barmherzig sein? Mir fällt ein Satz von Thomas Mann ein, der in einem Roman sagt, Gott hat den Menschen geschaffen, damit er durch ihn seine Gefühle zum Ausdruck bringen kann.
Ja, mein Gott, Du hast uns, mich erschaffen, in uns Deine Schöpfung erweitert, fortgeführt, damit Seiten von Dir zum Ausdruck kommen, gelebt, vollbracht werden können, die zum

Zuge kommen müssen, willst Du Dich selbst, das, was Dir wichtig ist, für Dich entscheidend ist, Dich ausmacht, verwirklichen. Barmherzig zu sein, ist dabei so etwas, wie die Krönung Deiner Selbstverwirklichung. Darin kommt Zentrales von Dir zum Ausdruck. Es zeigt, offenbart etwas von Deiner Mitte, Deiner großen Tiefe.
Ort Deiner Barmherzigkeit ist Dein mütterlicher Schoß, Dein Mutterleib. Wenn ich Deine Barmherzigkeit erfahre, dann erfahre ich zugleich die Nähe Deines Mutterleibes. Dann bist Du mir ganz nahe. Ich Dir ganz nahe. Dann kann meine Seele – wie ich es heute in der Frühe im Psalm 131 betete „still und ruhig werden wie ein kleines Kind bei seiner Mutter". Ich kann dann an diesem sonntäglichen Morgen, umgeben von Himmel, Kirche, Wäldern, Bergen, Pflaster, morgendlicher Frische, mich aufgehoben fühlen wie in Deinem Mutterschoß. Deine mütterliche Barmherzigkeit kommt mir in ihnen entgegen. Ich starre sie nicht mehr nur an. Sie starren mich nicht mehr nur an. Ich betreibe nicht länger das tröge, trockene Geschäft, Dich dahinter zu sehen, sie aufzubrechen, in ihre tiefsten Tiefen zu gehen, auf der Suche nach Dir. Ich lasse sie selbst sprechen und singen, wie die Steine, die Bäume, die Vögel singen in der Welt des Franz von Assisi.
Ohne mich anzustrengen, mir die Zähne auszubeißen an ihrer anscheinenden Härte und Schweigsamkeit. Ich lasse sie singen: „Meine Barmherzigkeit währet immer für und für." Ich lasse Gottes Barmherzigkeit zu, lasse sie zu auch für mich. Ich bin selbst nicht länger Kirche, Wald, Wiese, Himmel, Pflaster – alle scheinbar unfähig zur Barmherzigkeit. Und ich spüre, wie ich Barmherzigkeit erfahre, geschenkt bekomme und Barmherzigkeit empfinde. Ich bin in Berührung mit meinem Mutterschoß, der Quelle meiner Barmherzigkeit. Ich spüre, wie ich weiter und weicher werde. Ich mit ausdehne. Ich die Kirche, die Berge, den Himmel umfaße.

Als ich gestern Abend in der Barockkirche zu Hopfgarten Eucharistie mitfeierte, hatte ich mich in diesem Kuppelgebäude wie im Mutterschoß aufgehoben gefühlt. Zugleich hatte ich aber auch den Wunsch gespürt, die Kirche möge weiter werden, immer weiter, bis sie sich auflöst in der wunderschönen Naturlandschaft, um dann wieder als verdichteter Ausdruck dieser Naturlandschaft, als an einer Stelle durch menschliches Zutun in Stein, Glas, Farbe eingefangener Verkörperung dieser Landschaft Gestalt anzunehmen.

Wo Barmherzigkeit vollzogen wird, Barmherzigkeit Fleisch annimmt, da wird aus Stein Fleisch, da werden Steine zu Boden. Wo Barmherzigkeit um sich greift, da stürzen die Mauern ein, die vorher Herzlosigkeit, Unbarmherzigkeit verbreiteten. Es war auch Barmherzigkeit, das Verlangen Gottes, seine Barmherzigkeit zum Ausdruck, zum Leben zu bringen, die Ihn den Menschen schaffen ließen. Und es war dann seine Barmherzigkeit zu uns Menschen, die Ihn selbst Mensch werden ließ. In seiner Menschwerdung hat er die Barmherzigkeit zum Schnittpunkt erhoben, wo sich Göttliches und Menschliches treffen. Und es war schließlich seine Barmherzigkeit, die Ihn in den Tod gehen, den Weg beschreiten ließ, um uns für immer in den Genuß seines Erbarmens kommen zu lassen. „Wenn der Hilflose erwacht und sich gestärkt fühlt, sobald ihn die Stimme der Gnade anspricht, so ist es … als wende sich ihm die Natur selbst zu, weise geworden dank Gottes Kunst und Fleischwerdung und lade ihn mit unaussprechlicher Süße ein, wach zu werden und zu leben“ (Merton 1992, 125).

EPILOG

> Ich bitte Sie als normaler Christ, der weiß, worauf es ankommt, vielleicht sogar einmal ein kleines Gebet vor Gott zu tragen, damit seine Liebe und seine Barmherzigkeit mir endgültig zuteil wird.
>
> *Karl Rahner, wenige Wochen vor seinem Tod*

Ich besteige den Salvenberg, ich schaue auf die einzigartige Bergwelt um mich, breite meine Arme aus als wollte ich sie umfassen. Und ich meine zu vernehmen, wie diese wunderschöne Landschaft mir ihr „Erbarmen“ zunächst zuflüstert, um immer lauter werdend sich aufbäumend zu einem lauten Schrei zu werden. Das Erbarmen geht auf im namenlosen Aufschrei. Ich schaue auf die schweigende Kirche unter mir. Es ist, als halte sie den Schrei. Nicht gefangen. Eher wie ein Behältnis, das ihn umgibt. In ihr vermischt er sich mit dem Todesschrei Jesu am Kreuz, und wird erhört. In dieser einmalig schönen Landschaft, von Beton und Stahl lebensgefährlich bedroht, wird die Kirche zum Zeichen des Erbarmens, hoffnungsvoller Barmherzigkeit, zum Ausdruck des Todes Jesu, der sich für uns und damit auch für die Schöpfung, dahingegeben hat, um uns damit an seiner ewigen Barmherzigkeit teilhaft werden zu lassen. Der tote Bauer, der in seinem Sarg unweit der Kirche aufgebahrt ist, zu dem ich kurz hineinschaute, damit er nicht ganz alleine ist, mit seinen sechs Elektrokerzen und immerhin zwei brennenden Wachskerzen, wird in wenigen Stunden der Erde dieser Landschaft übergeben. Er wird in den Schoß der

Erde zurückkehren, in den Schoß Gottes, dem Ort unbegrenzter Barmherzigkeit, ist er bereits zurückgekehrt.

Ich fahre mit der Seilbahn den Hohen Salvenberg hinunter
und bete aus ganzem Herzen
den Psalm 103.
Lobet den Herrn, alle seine Werke,
du wunderbare Bergwelt, die du mich umgibst,
du heller Himmel über mir,
ihr Bäume, Wiesen, Wildbäche unter mir,
ihr Dörfer, Hütten,
du Liebespaar vor mir,
ihr vielen Menschen in den winzigen Häusern weit unten,
lobet den Herrn.

Vor allem aber
du, meine Seele, lobe den Herrn,
der dich krönt mit Gnade und Barmherzigkeit,
nicht mit einer Dornen-Krone,
nicht mit Strafe und Verachtung,
nicht mit Verboten,
auch keinem Rede- und Schweigeverbot,
mit Gnade und Barmherzigkeit.

Ich spüre die unbeschreibliche Rührung,
die mich überkommt,
wenn ich das auf mich wirken lasse,
tief in mich hineinversenken lasse.
Und ich bin in Berührung mit meiner Freude
und meinem inneren Glück,
daß ich es so vorbehaltlos zulassen kann:
Du krönst mich mit Gnade und Barmherzigkeit.
Und ich möchte es in alle Welt schreien

hoch oben hier in meinem Sitz der Seilbahn.
Gott krönt mich mit Gnade und Barmherzigkeit
und ich möchte es so vielen Menschen ins Ohr flüstern:
Gott krönt dich mit Gnade und Barmherzigkeit,
ich möchte, daß es bis zu ihrem Herzen vordringt:
Gott krönt dich mit Gnade und Barmherzigkeit,
barmherzig und gnädig ist er,
geduldig und von großer Güte.
Wie sich ein Vater über Kinder erbarmt
so erbarmt sich der Herr.

Ich danke Dir,
daß Du mich mit Gnade und Barmherzigkeit krönst.
Das ist das Wertvollste, was Du mir schenken kannst.
Es ist das, wo Du selbst am meisten zum Ausdruck kommst,
wo Du am meisten von Dir zeigst.
Es ist das Unbegreiflichste und Schönste zugleich:

Deiner Gnade und Barmherzigkeit teilhaft zu werden,
das ist eine Krone,
vor der jede Krone, jeder Glorienschein, jede Tiara oder Kaiserkrone verblaßt.
Lobe den Herrn, meine Seele
und was in mir ist,
was ich bin, seinen heiligen Namen.

Bendiek, Hugo, Der Gegensatz von Seele und Geist bei Ludwig Klages. Grundlinien seiner philosophischen Systematik, Weil 1935
Bettelheim, Bruno, Freud und die Seele des Menschen, München 1986
Campbell, Alaistair, Rediscovering Pastoral Care, Philadelphia 1981
Eliot, T. S., Gesammelte Werke, Frankfurt 1988
Erikson, Erik, Der vollständige Lebenszyklus, Frankfurt 1992
Freud, Anna, Das Ich und die Abwehrmechanismen, Frankfurt 1992
Fromm, Erich, Die Kunst des Liebens, Frankfurt 1977
Greene, Graham, Graham Greene im Gespräch mit John Cornwell, in: Süddeutsche Zeitung 86, 13./14. April 1991, I–II
Grün, Anselm, Ehelos – des Lebens wegen, Münsterschwarzach 1989
Häring, Bernhard, Ausweglos? Zur Pastoral bei Scheidung und Wiederverheiratung, Freiburg 1989
Heidegger, Martin, Gelassenheit, Pfullingen 1985
Johannes Paul II., Apostolisches Schreiben Familiaris Consortio über die Aufgaben der christlichen Familien der Welt von heute, in: Sekretariat der Deutschen Bischofskonferenz (Hg.), Verlautbarungen des Apostolischen Stuhls, Bonn 1981, Nr. 33
Jung, Carl Gustav, Praxis der Psychotherapie, Zürich/Stuttgart 1958
Kirschenbaum, Howard / Henderson, Valerie Land (Hg.), Carl Rogers: Dialogues, Boston 1989
May, Rollo, Destiny and Freedom, New York 1981

May, Rollo, The Problem of Evil: An Open Letter to Carl Rogers, in: Kirschenbaum, Howard / Henderson, Valerie Land (Hg.), Carl Rogers: Dialogues, Boston 1989, 239–251

Merton, Thomas, Zeiten der Stille, hg. von Bernhardin Schellenberger, Freiburg 1992

Müller, Wunibald, Sehnsucht nach San Francisco. Gott in der Buntheit des Lebens entdecken. Mit einem Beitrag von Henri Nouwen, Mainz 1992

Müller, Wunibald, Der verwundete Heiler, in: Lebendige Seelsorge, 44. Jg., Heft 2/3, 1993

Perls, Fritz, Gestalt Terapy Verbatim, Lafayette 1969; dt.: Grundlage der Gestalttherapie. Einführung und Sitzungsprotokolle, München 1989

Ruben, Habito, Barmherzigkeit aus der Stille, München 1990

Sandkühler, Thomas, Wer mit dem Teufel handelt ..., in: DIE ZEIT, Nr. 8, 14.02.1992, 49–50

Schweitzer, Albert, Aus meinem Leben und Denken, Hamburg 1955

Stenger, Hermann, Verwirklichung unter den Augen Gottes, Psyche und Gnade, Salzburg 1985

Struzzo, John, Suffering: Its Pain and Its Gift, in: Gilmartin, Richard, Suffering, Whitinsville 1984, 1–20

Süddeutsche Zeitung, Nr. 197, 27. 8. 1992

Thoreau, Henry David, Walden oder Leben in den Wäldern, Zürich 1979

Trüb, Hans, Heilung aus der Begegnung, Stuttgart 1951

Wilder, Billy, Du sollst nicht langweilen! Eine Nahaufnahme mit Überleitungen von Hellmuth Karasek, in: Süddeutsche Zeitung, Nr. 187, 14./15./16.08.1992, S. 113

Zerfaß, Rolf, Die Verantwortung der Kirche für den Einzelnen, Vorlesungsmanuskript, Würzburg 1979/80; vgl. auch ders., Lebensnerv Caritas, Freiburg 1992